i Normand

Valérie & Philippe

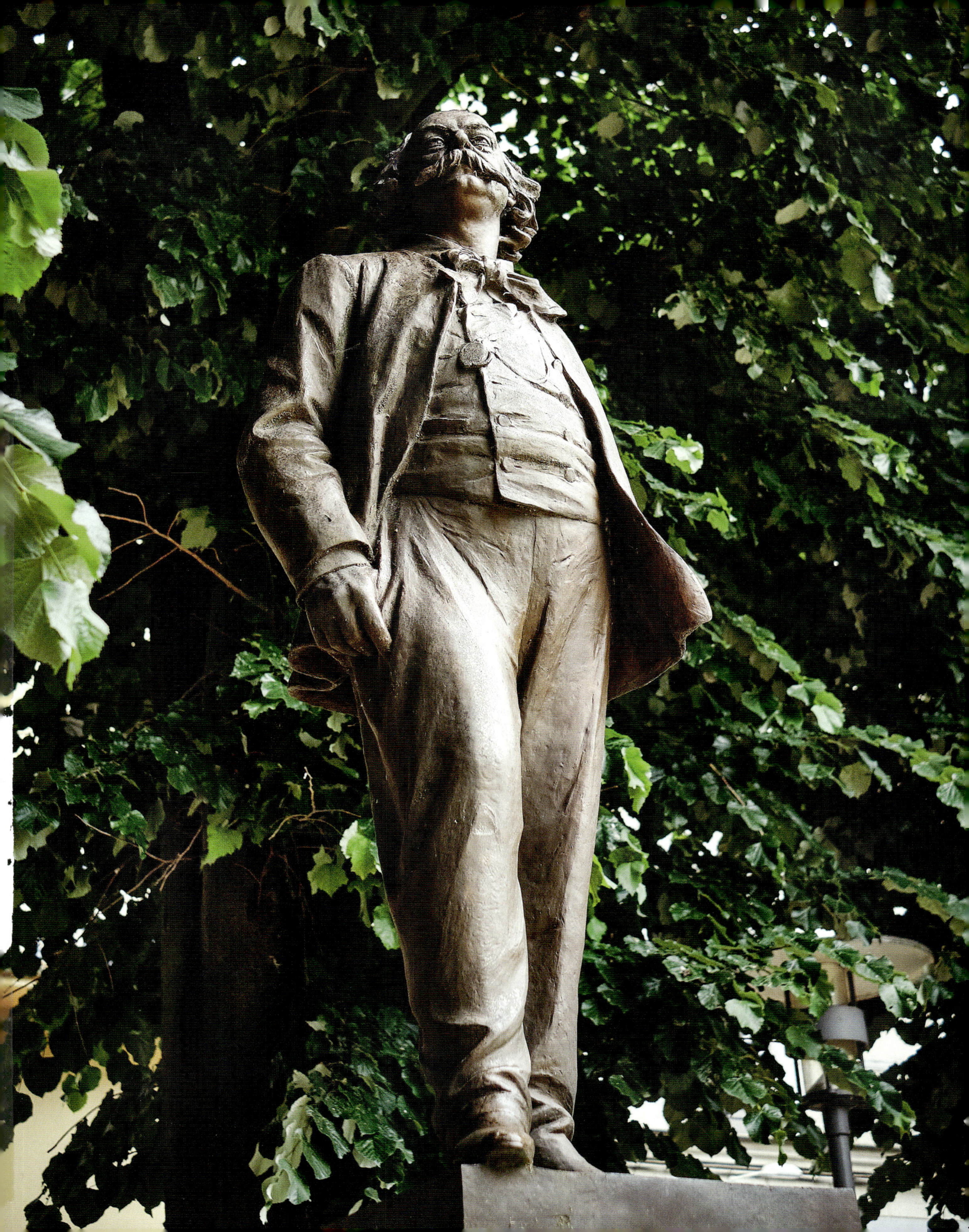

Page précédente :
Sur la place des Carmes se dresse depuis 1965 une statue de Flaubert, un bronze réalisé par Rudier, d'après la statue de Léopold Bernstamm fondue pendant la guerre.

16, avenue des Quatre Cantons - 76000 Rouen
102, rue de Grenelle - 75007 Paris
www.editionsdesfalaises.fr

Valérie Duclos
Photographies de Guillaume Czerw

A la table de Flaubert

Balade littéraire
& gourmande
en Normandie

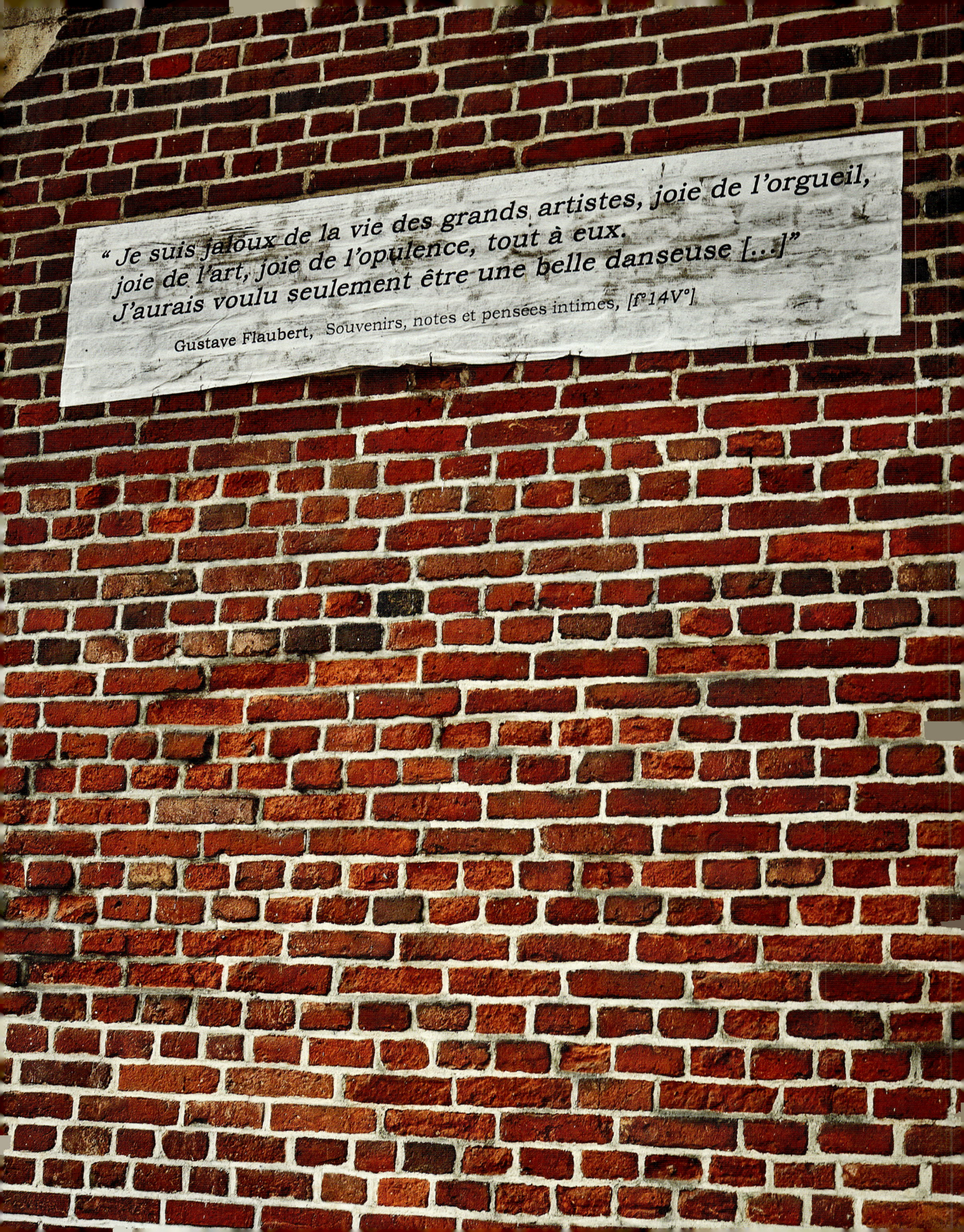
“ Je suis jaloux de la vie des grands artistes, joie de l’orgueil,
joie de l’art, joie de l’opulence, tout à eux.
J’aurais voulu seulement être une belle danseuse [...]”
Gustave Flaubert, Souvenirs, notes et pensées intimes, [f°14V°]

Sommaire

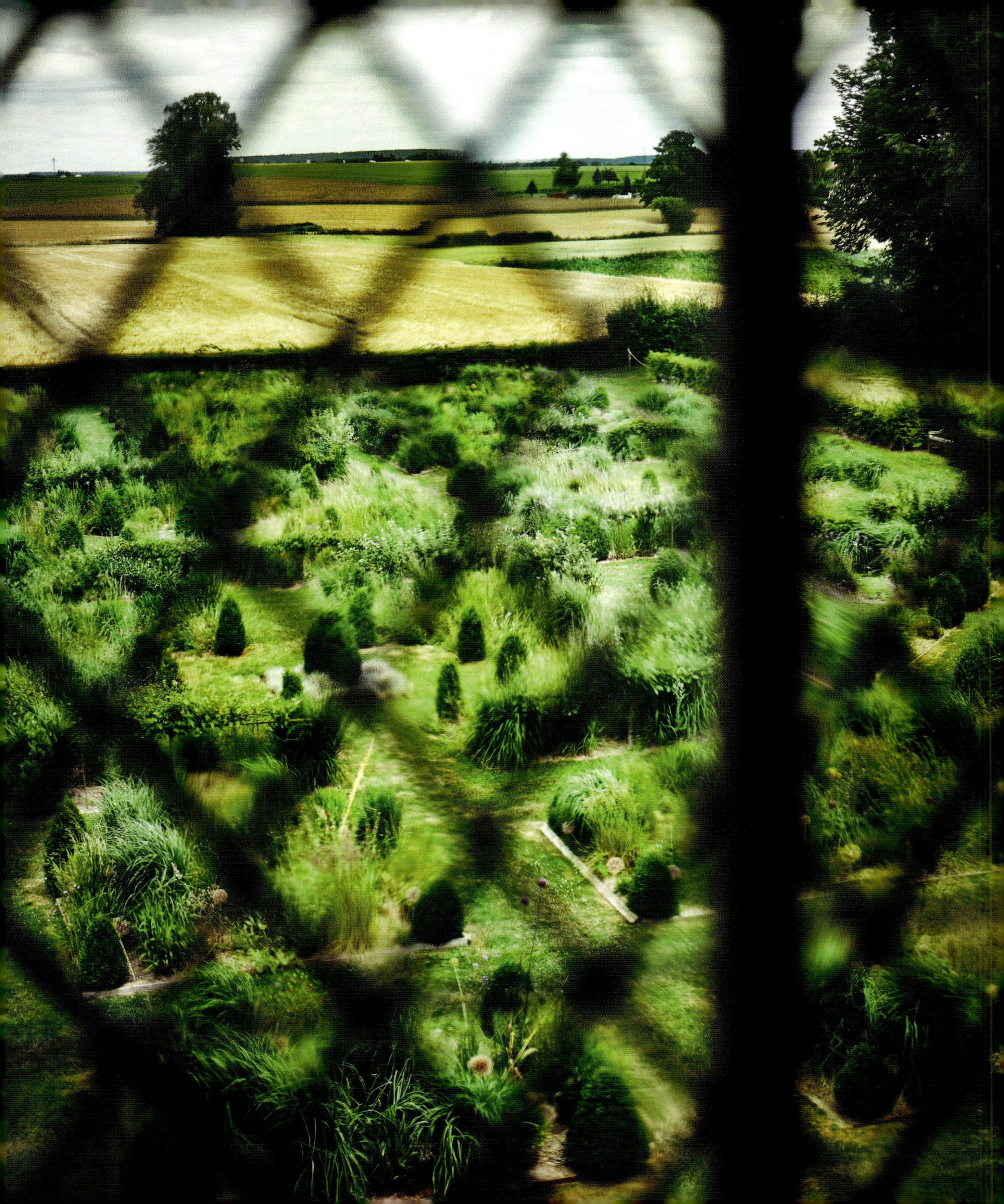

Dans son appétit de la vie, Gustave Flaubert accordait une place de choix aux bons petits plats. L'ermite normand saupoudrait ses écrits de typicités culinaires locales. *À la table de Flaubert* met en lumière, grâce à la collaboration de chefs rouennais et d'artisans de bouche, les plaisirs de table de cet épicurien du XIXe siècle.

C'est donc à une balade littéraire, historique, culturelle, architecturale, normande et bien sûr gourmande à laquelle je vous convie dans cet ouvrage, une balade au rythme des œuvres de l'écrivain. De son enfance à Rouen – son père était chirurgien à l'Hôtel-Dieu – puis à Croisset où il s'installe en 1846 et où il rendra son dernier souffle le 8 mai 1880, il aura décrit moult paysages au fil de son œuvre tels ceux de Lyons-la-Forêt et de Ry. Il y puisa l'inspiration pour écrire les aventures de *Madame Bovary*, imprégné de l'histoire de Delphine Couturier, ennuyée dans son quotidien, en mal de sentiments. Enfin, Rouen reste omniprésente, avec ses rues pavées et ses maisons « bizarres » comme les décrit George Sand dans sa correspondance avec l'écrivain normand. Au cimetière Monumental, Gustave Flaubert est enterré.

Une promenade gorgée de références littéraires, de paysages magnifiques, de recettes pour interpréter les évocations délicieuses de ce bon vivant.

C'est ainsi qu'entrent en scène des auteurs de la gastronomie locale. À chacun, j'ai confié des intitulés mettant l'eau à la bouche. Charge ensuite à eux de passer derrière les fourneaux pour leur donner vie, dans l'assiette. Artisan boulanger, pâtissier, poissonnier, chef étoilé ou non… ils ont tous répondu par l'affirmative, empreints de l'envie de plonger dans une fresque délicieuse.

Je vous invite donc à marcher sur les routes de campagne, à flâner au cœur de la ville de Rouen non loin de l'Hôtel-Dieu, à rêver dans des champs de blé, à bambocher à l'ombre des pommiers… et découvrir ainsi l'univers délicat du plus grand auteur normand du XIXe siècle. Célèbre épistolier, il répondit un jour à George Sand : « Quant à votre invitation si cordiale, je ne vous réponds ni oui ni non, en vrai Normand. » Normand ou pas, répondez par la positive à ce périple savoureux !

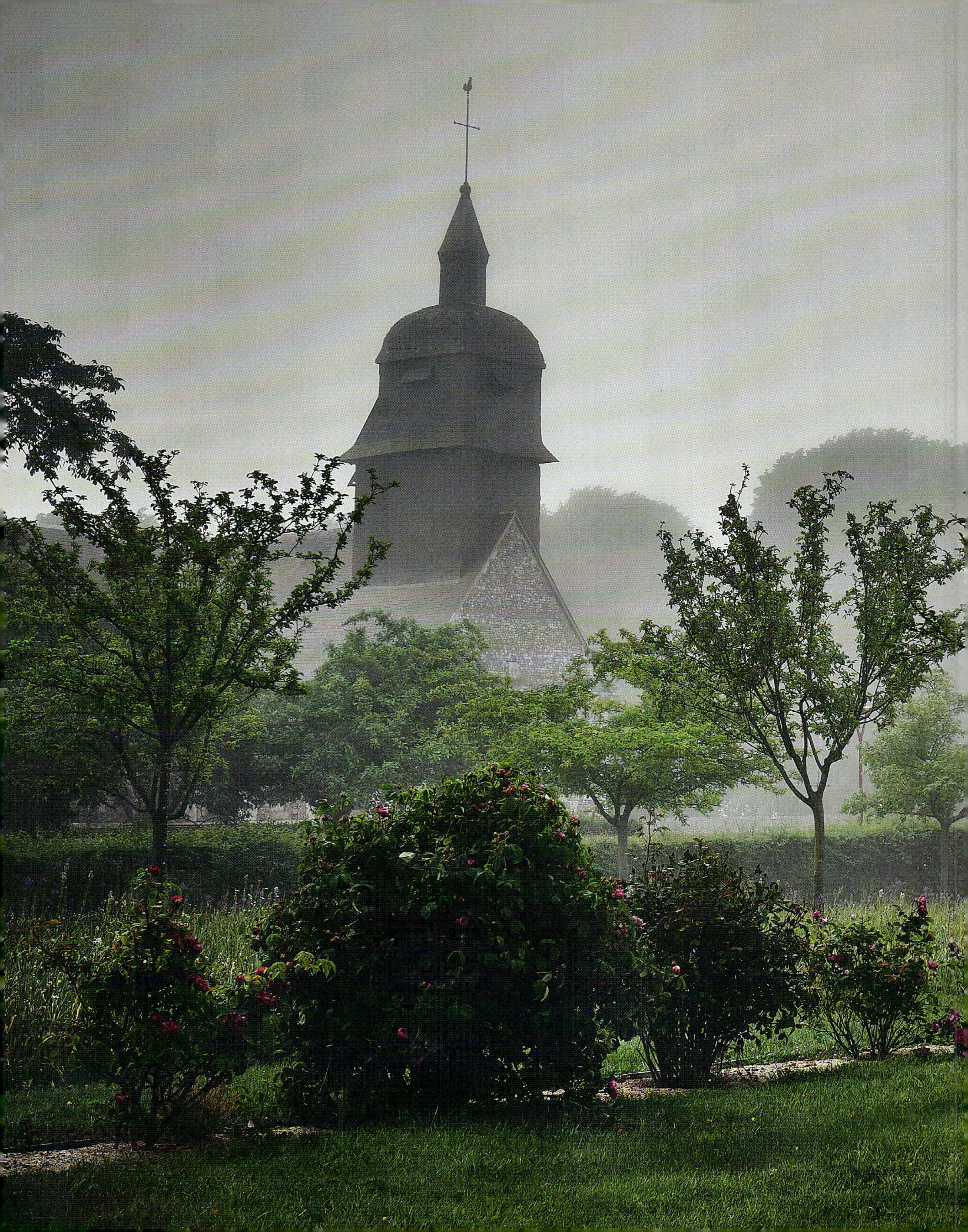

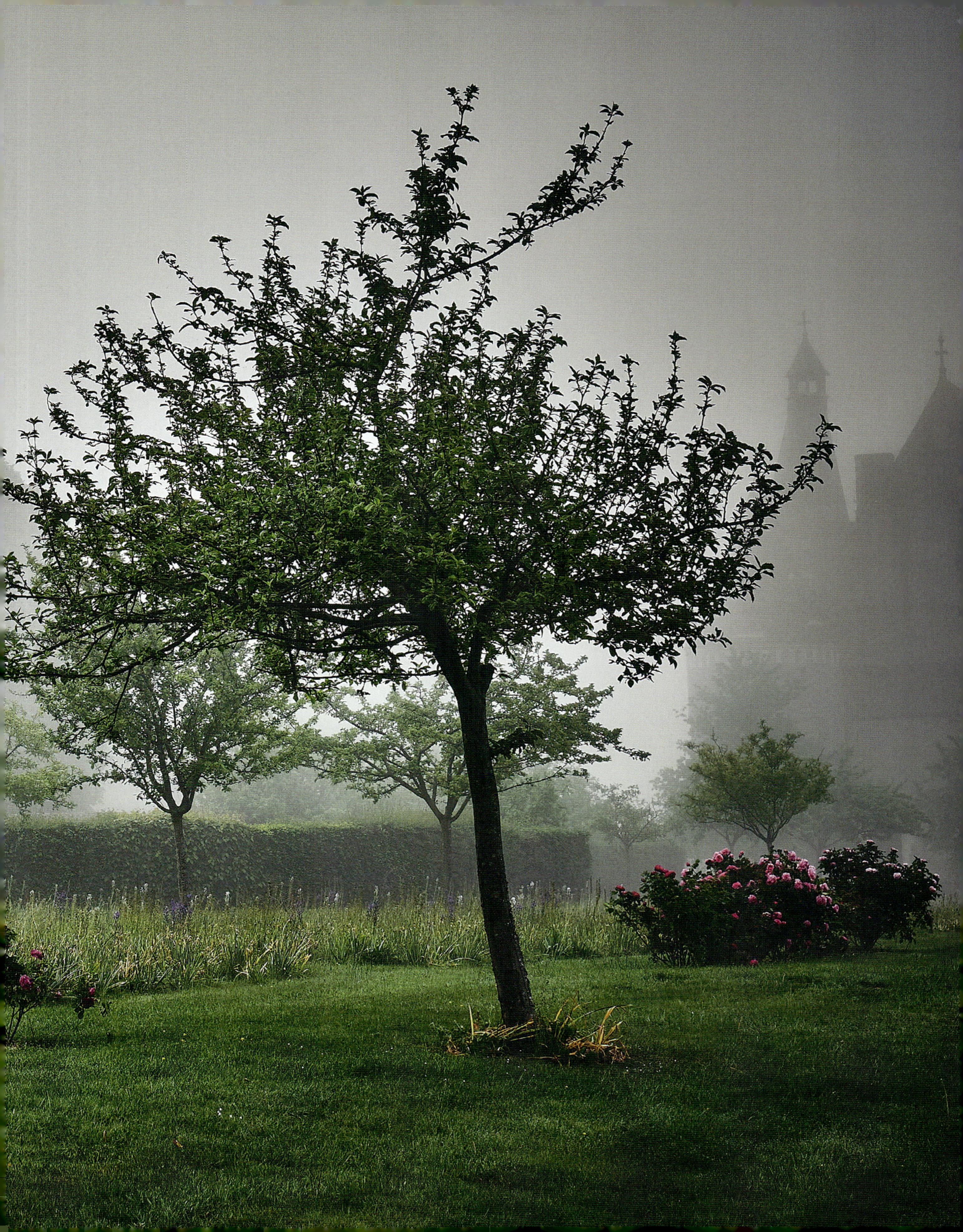

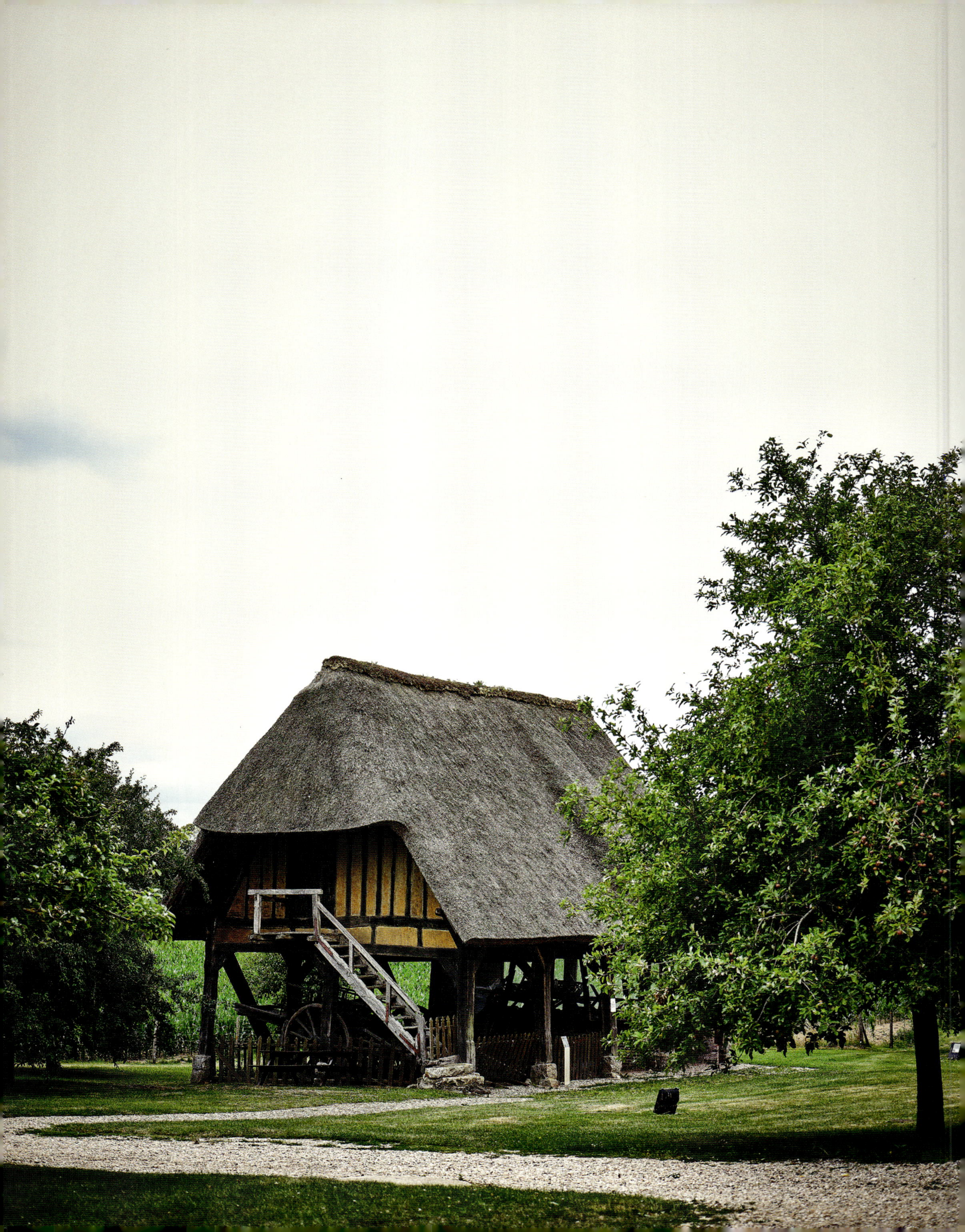

Madame Bovary

Madame Bovary, publié en 1857 chez Michel Lévy Frères, est le titre abrégé de *Madame Bovary, Mœurs de province.* Parue en premier lieu dans la *Revue de Paris,* l'histoire raconte celle d'Emma Bovary, femme d'un médecin de province aux relations adultères, vivant au-dessus de ses moyens et chassant par là même l'ennui de la vie de campagne. Elle se déroule à Yonville, lieu fictif, que l'on reconstitue à Ry. Dans ce village [Ry], à 20 km de Rouen, vivait Delphine Delamare, dont Flaubert a entendu parler. La légende a ensuite raconté l'histoire de cette femme en l'identifiant à Emma Bovary. Le premier accueil de l'œuvre le conduit au tribunal pour immoralité et obscénité. L'écrivain rouennais sera acquitté et deviendra célèbre grâce à son héroïne.

Lire *Madame Bovary,* c'est découvrir Rouen, entre les paysages verdoyants et le bleu du fleuve, dans une palette colorée sur fond d'industrialisation :

« *Puis, d'un seul coup d'œil, la ville apparaissait. Descendant tout en amphithéâtre et noyée dans le brouillard, elle s'élargissait au-delà des ponts, confusément. La pleine campagne remontait ensuite d'un mouvement monotone, jusqu'à toucher au loin la base indécise du ciel pâle. Ainsi vu d'en haut, le paysage tout entier avait l'air immobile comme une peinture ; les navires à l'ancre se tassaient dans un coin ; le fleuve arrondissait sa courbe au pied des collines vertes, et les îles, de forme oblongue, semblaient sur l'eau de grands poissons noirs arrêtés. Les cheminées des usines poussaient d'immenses panaches bruns qui s'envolaient par le bout…* »

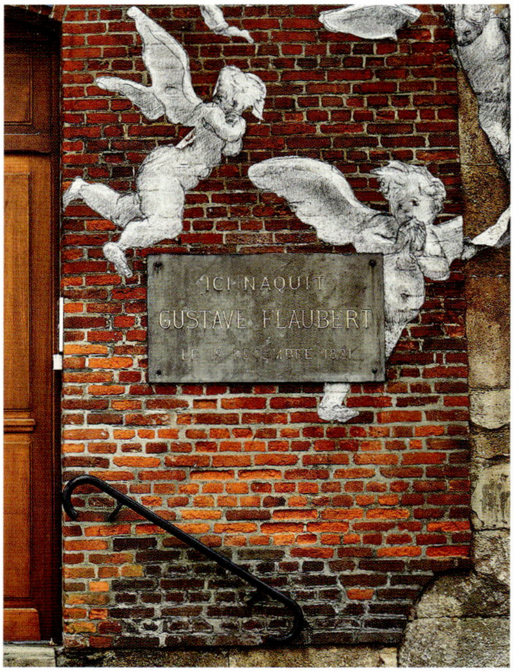

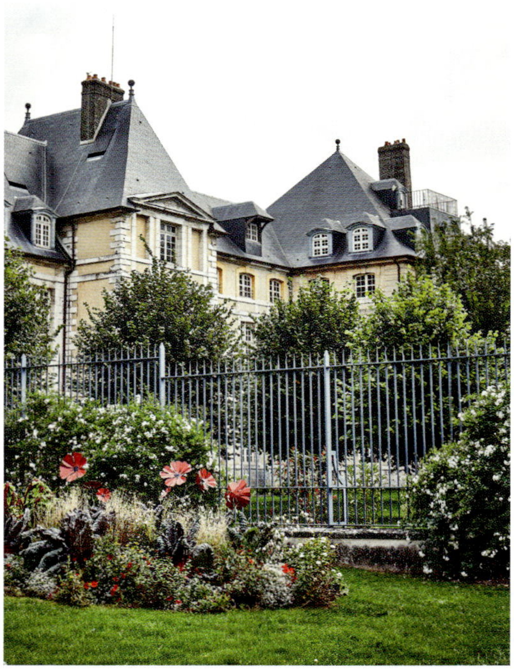
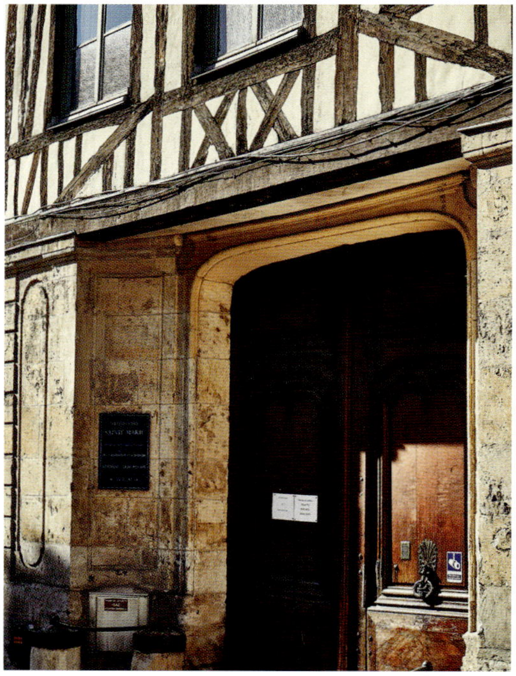
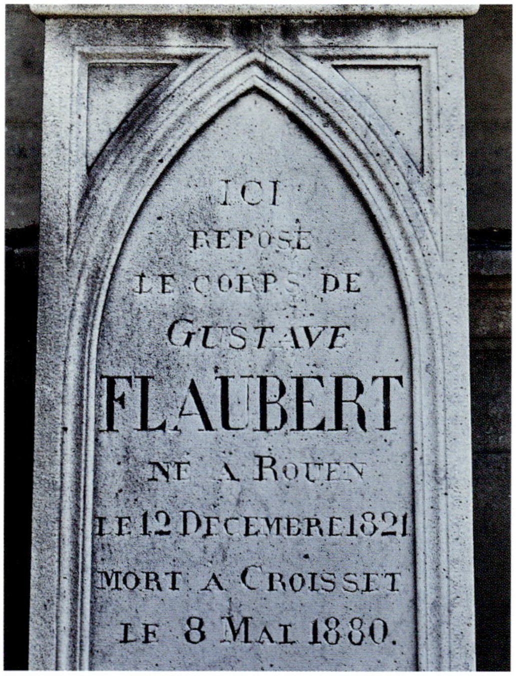

Musée de la Médecine / Hôtel-Dieu
Détail architectural rouennais / Tombe de Gustave Flaubert au cimetière monumental

Flaubert fait dans cette œuvre une belle déclaration à sa ville natale. En témoigne, cet échange avec Louise Colet dans leur correspondance fournie : « *quand Bovary sera publiée (…) mes compatriotes rugiront, car la couleur normande du livre sera si vraie qu'elle les scandalisera* ».

Le métier médical du mari d'Emma Bovary invite à se diriger vers l'Hôtel-Dieu de Rouen. Le père de Gustave Flaubert en était le chirurgien en chef. La famille habitait l'aile qui accueille aujourd'hui le musée médical et littéraire. Flaubert y est né le 12 décembre 1821 et a passé vingt-cinq années de sa vie dans cette maison.

« *Combien de fois déjà, dans ma vie, n'ai-je pas vu le jour vert du matin paraître à mes carreaux, autrefois à Rouen dans ma petite chambre de l'Hôtel-Dieu à travers un grand acacia.* » Lettre à Louise Colet du 16 mai 1852.

La cathédrale Notre-Dame est également un des lieux incontournables de la ville aux cent clochers. Elle a inspiré plusieurs scènes des romans de Flaubert. On découvre le vitrail de *La légende de saint Julien l'Hospitalier* ainsi que le tympan représentant la danse de Salomé, décrite dans *Hérodias*. Dans *Madame Bovary*, Emma et Léon se donnent leur premier rendez-vous dans la cathédrale.

La rue Eau-de-Robec est également mise en lumière lorsque Charles, jeune étudiant en médecine, s'y installe :

« *La rivière, qui fait de ce quartier de Rouen comme une ignoble petite Venise, coulait en bas, sous lui, jaune, violette ou bleue, entre ses ponts et ses grilles. Des ouvriers, accroupis au bord, lavaient leurs bras dans l'eau. Sur des perches partant du haut des greniers, des écheveaux de coton séchaient à l'air.* »

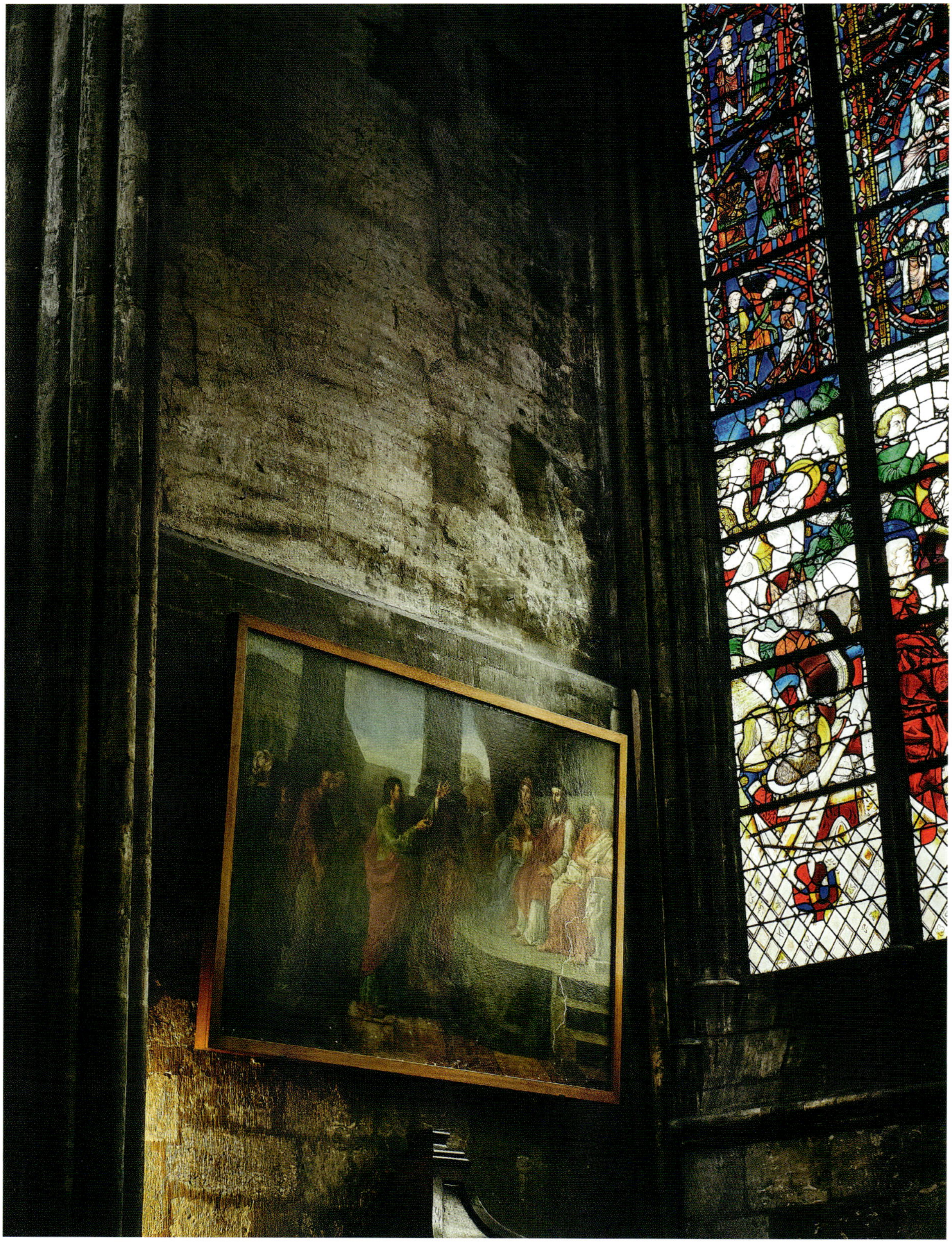

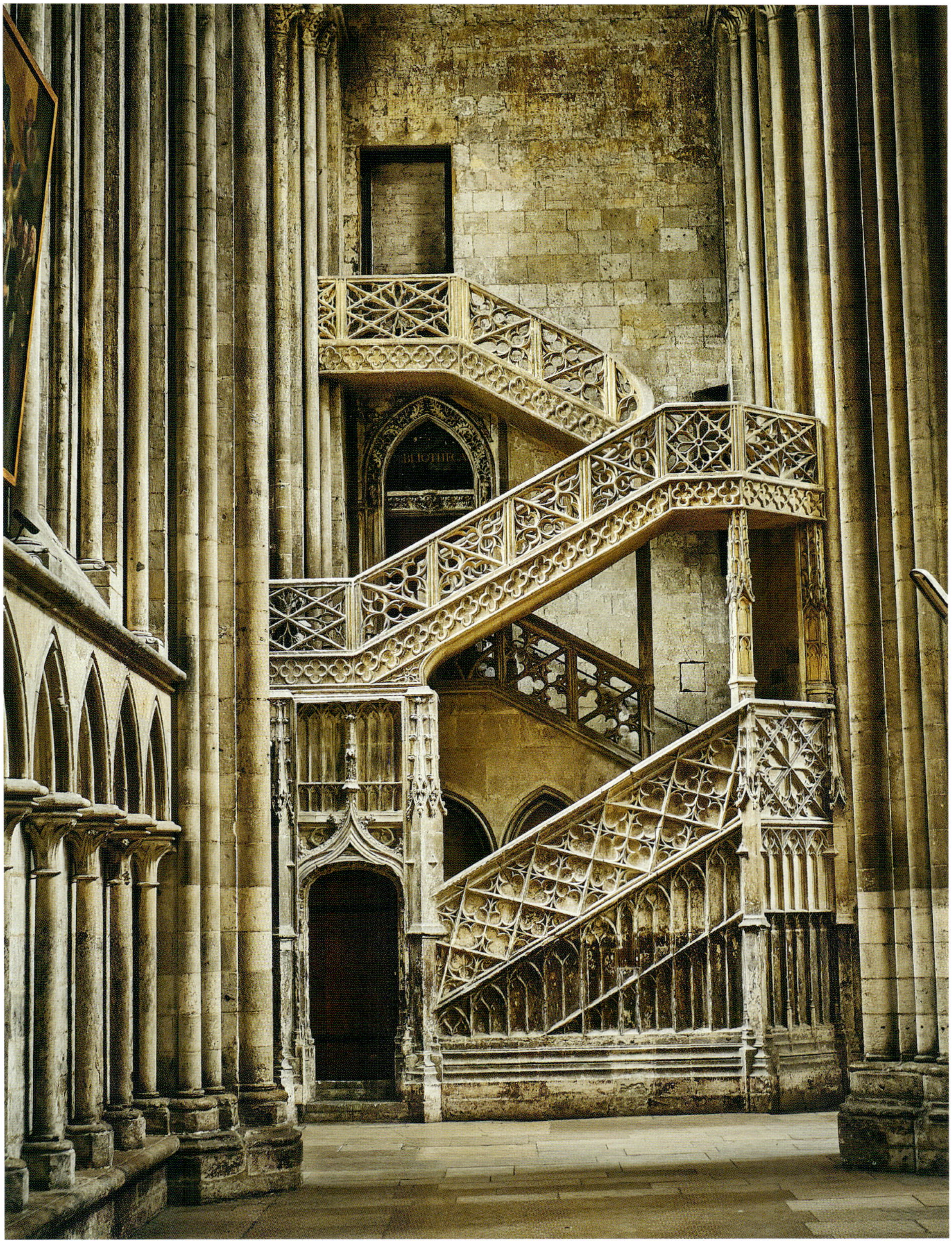

Escalier des Libraires, en pierre, de la cathédrale Notre Dame.

À une trentaine de kilomètres de Rouen, Lyons-la-Forêt est un village charmant qui évoque si bien le Yonville-l'Abbaye de *Madame Bovary*. Village qui a été choisi pour le tournage du film avec Isabelle Huppert et celui, plus récent, avec Fabrice Luchini.

Non loin de là, c'est à Ry qu'a vécu le couple de Delphine et Eugène Delamare. Flaubert a connu leur histoire et s'en est inspiré pour écrire cette œuvre magistrale. Depuis la fin du XIXe siècle, Ry revendique le statut de « modèle » de Yonville. Un musée d'automates, la « Galerie Bovary » retraçait les scènes principales du roman (il a fermé à l'été 2020) et proposait une reconstitution grandeur nature de la pharmacie de Monsieur Homais. Une « Promenade au Pays d'Emma Bovary » emmène sur une soixantaine de kilomètres à la découverte de la Normandie de Flaubert.

Le château privé de Ry est une magnifique représentation de l'art de vivre au XIXe siècle. Les arrières-arrières-grands-parents de l'actuel propriétaire habitaient le château des Lesques à Auzouville-sur-Ry.
Le domaine a été acheté en 1771 par son ancêtre Jean-Charles de La Vigne. Ry était alors le rendez-vous de chasse de ce grand domaine. À leur mort, leur fils reprit les Lesques. La fille de celui-ci ayant épousé Ernest de Boishébert, elle eut le domaine de Ry et 400 hectares de sa part. Ils agrandirent en 1865 le rendez-vous de chasse pour en faire le petit château actuel !

Les halles de Lyons-la-Forêt datent du XVe siècle, restaurées au XVIIIe siècle par le petit-fils de Louis XIV.

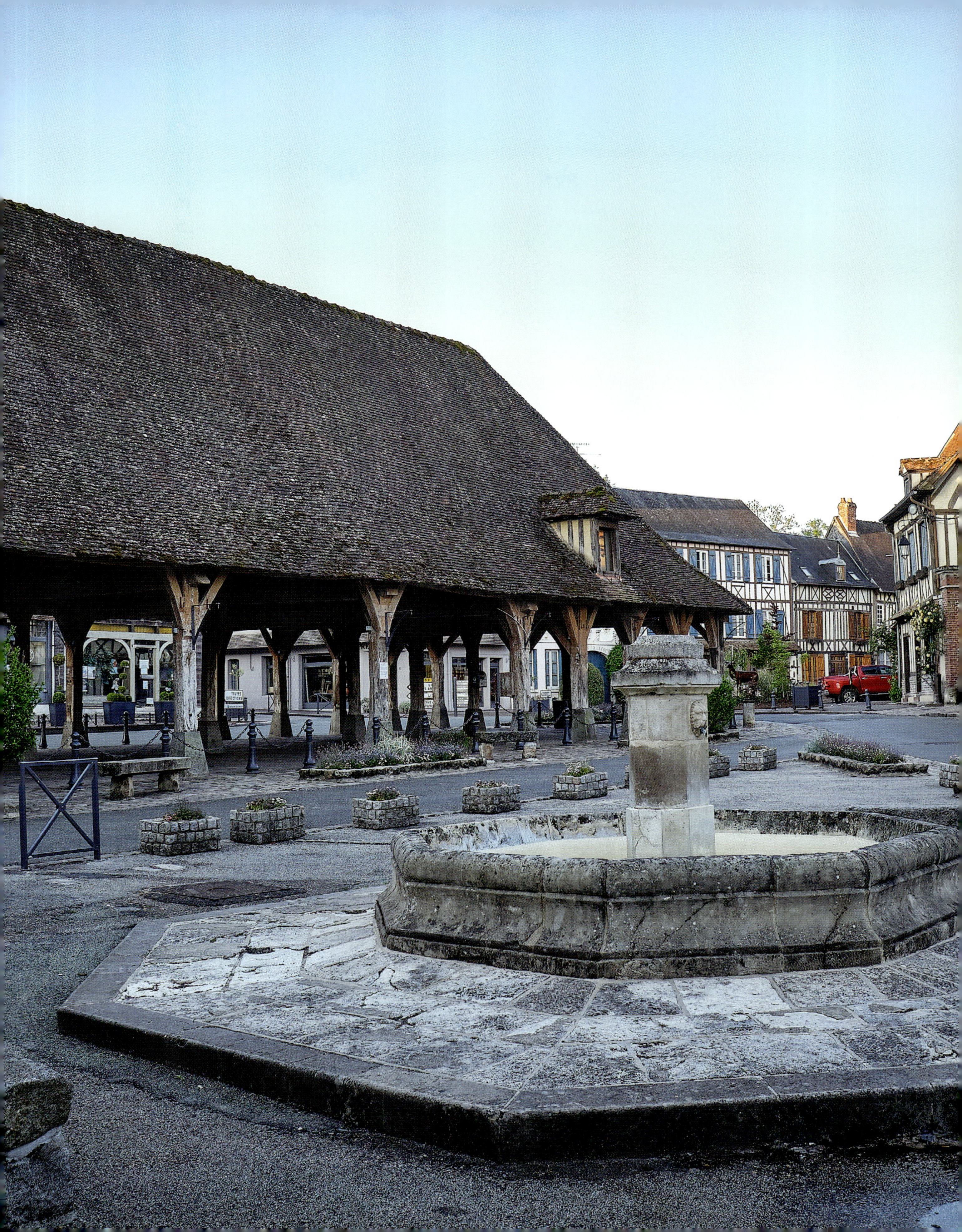

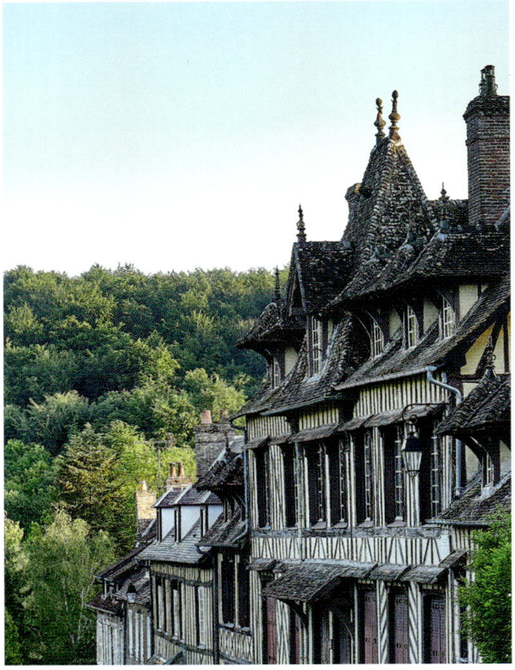

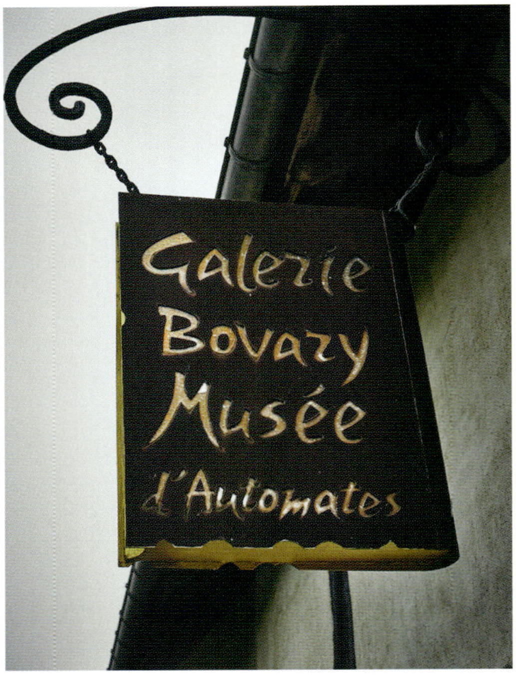

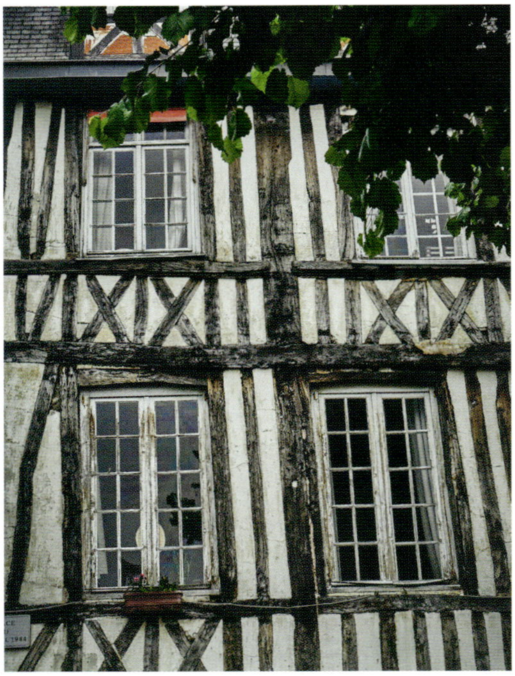

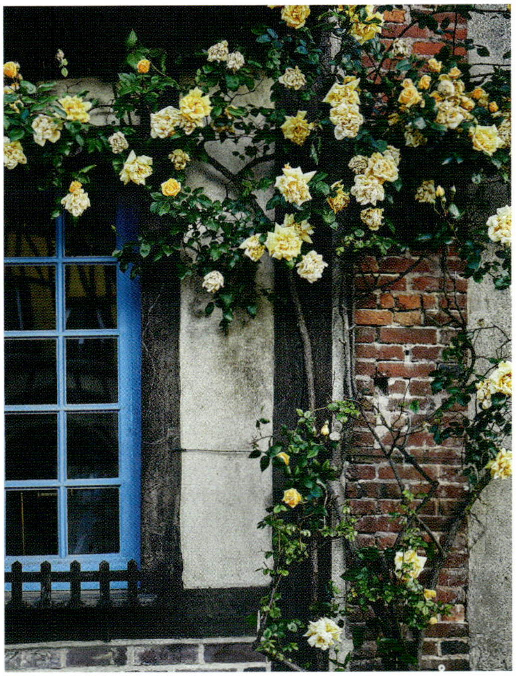

Lyons-la Forêt et sa forêt domaniale / Ry et son musée
Maison en pans de bois / Briques rouges et rosiers grimpants pour un charme tout normand.

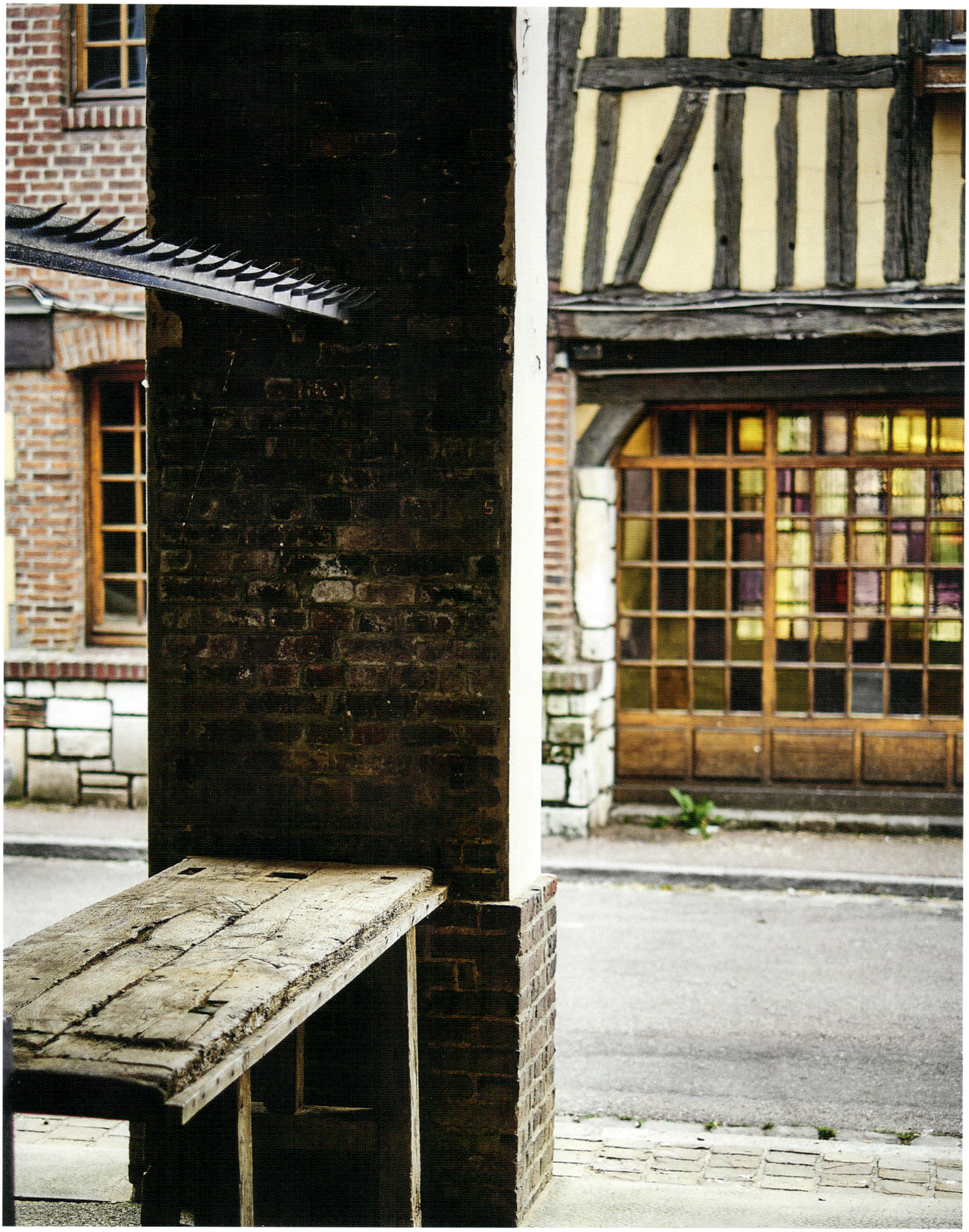

Les halles de Ry, ancien marché aux bouchers.

Château encore avec celui de Martainville, ouvert au public ou comment s'offrir une immersion dans le monde d'Emma Bovary en traversant au fil de la visite la cuisine, la chambre, la salle de musique... de l'héroïne flaubertienne.

Jacques Le Pelletier, fils d'une riche famille de commerçants originaires de Provence, acquiert en 1481 le fief de Martainville, alors composé de 25 hectares. Armateur mais aussi échevin de la ville de Rouen, Jacques Le Pelletier est alors en quête d'un statut social plus enviable et plus noble. C'est en partie pour cette raison qu'il décide d'entreprendre la construction d'un château sur cette terre. La date de 1485 gravée sur la clef d'une fenêtre de la tour sud atteste de la période de son édification qui s'achèvera en 1495.
Le Musée des Traditions et Arts Normands a été créé en 1961 par le Conseil Général de Seine-Maritime. Son aménagement a été primitivement confié à Daniel Lavallée (1925-1989), professeur d'allemand et célèbre défenseur de la sauvegarde des maisons à pans de bois du vieux Rouen. Un vaste collectage du mobilier, des costumes, de la céramique, de la verrerie et des objets de la vie quotidienne en Haute-Normandie datés du XVe siècle au XIXe siècle a permis de constituer une exceptionnelle collection retraçant l'histoire des arts et traditions populaires de cette région.

Dans la brume matinale normande,
le magnifique château de Martainville.

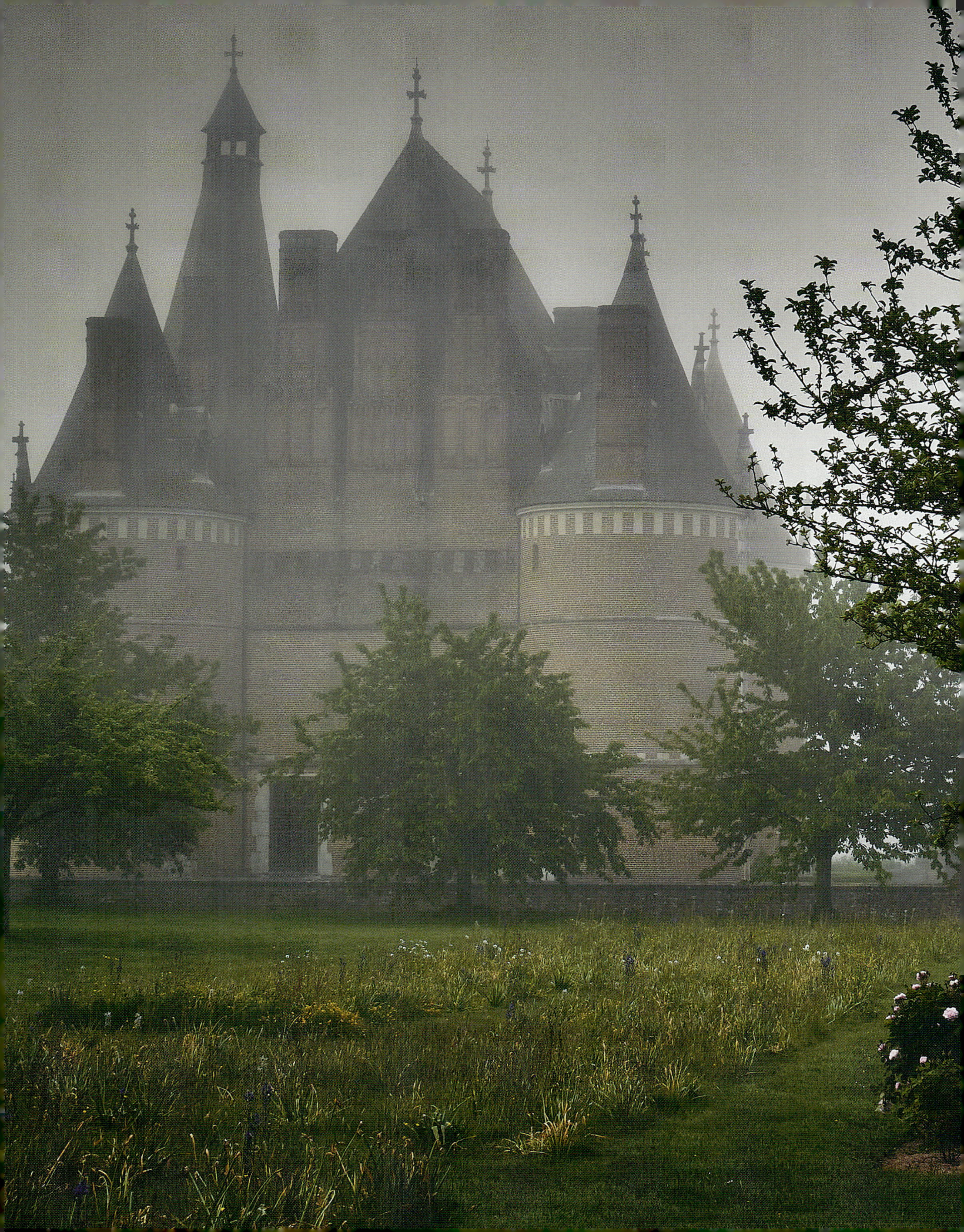

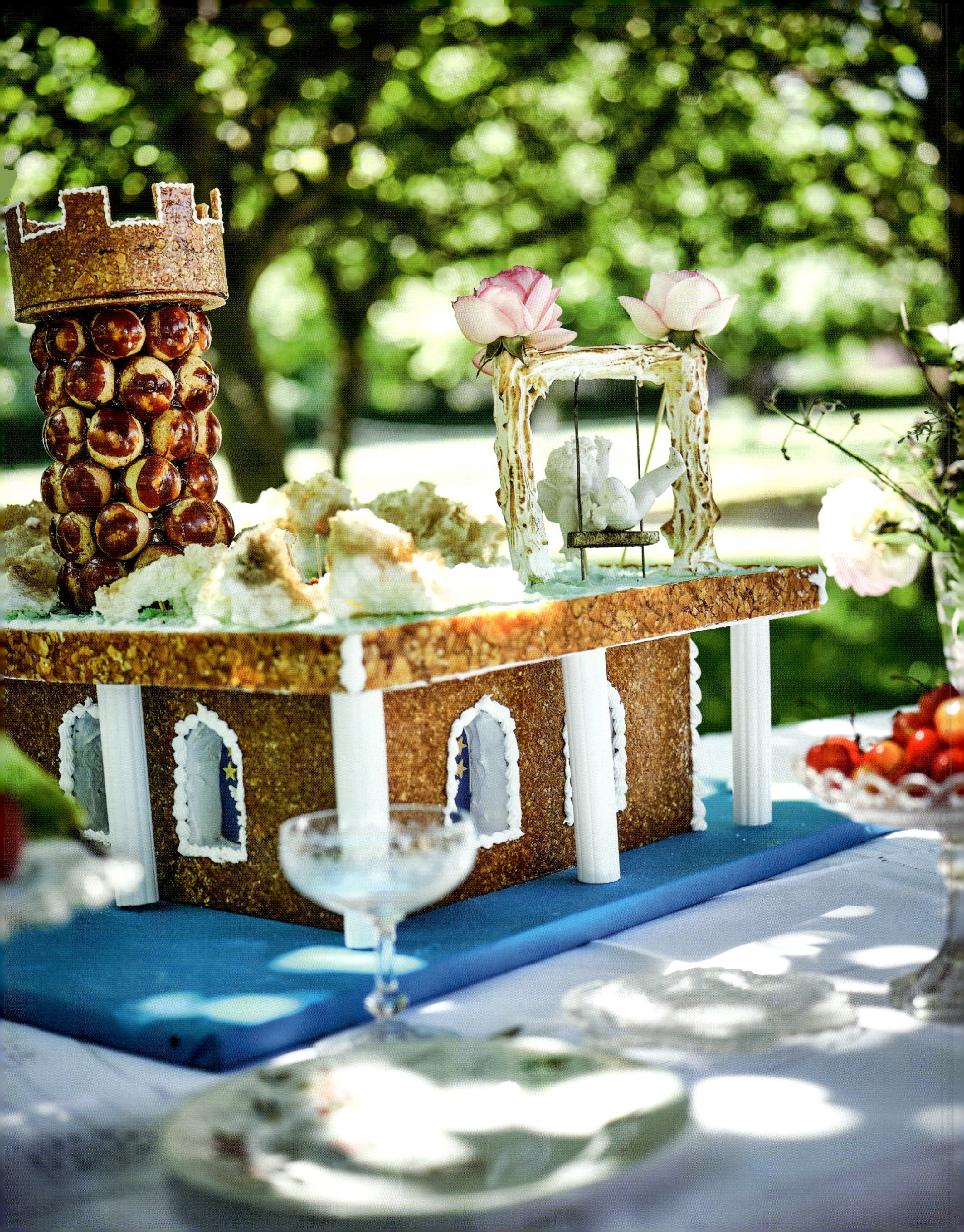

« C'était sous le hangar de la charretterie que la table était dressée. Il y avait dessus quatre aloyaux, six fricassées de poulets, du veau à la casserole, trois gigots, et, au milieu, un joli cochon de lait rôti, flanqué de quatre andouilles à l'oseille. Aux angles, se dressait l'eau-de vie dans des carafes. Le cidre doux en bouteilles poussait sa mousse épaisse autour des bouchons, et tous les verres, d'avance, avaient été remplis de vin jusqu'au bord. De grands plats de crème jaune, qui flottaient d'eux-mêmes au moindre choc de la table, présentaient, dessinés sur leur surface unie, les chiffres des nouveaux époux en arabesques de nonpareille. On avait été chercher un pâtissier à Yvetot, pour les tourtes et les nougats. Comme il débutait dans le pays, il avait soigné les choses ; et il apporta, lui-même, au dessert, une pièce montée qui fit pousser des cris. À la base, d'abord, c'était un carré de carton bleu figurant un temple avec portiques, colonnades et statuettes de stuc tout autour, dans des niches constellées d'étoiles en papier doré ; puis se tenait au second étage un donjon en gâteau de Savoie, entouré de menues fortifications en angélique, amandes, raisins secs, quartiers d'oranges ; et enfin, sur la plate-forme supérieure, qui était une prairie verte où il y avait des rochers avec des lacs de confitures et des bateaux en écales de noisettes, on voyait un petit Amour, se balançant à une escarpolette de chocolat, dont les deux poteaux étaient terminés par deux boutons de rose naturels, en guise de boules, au sommet. »

Pièce montée imaginée et réalisée
par Benoît Vatelier, Maison Vatelier.

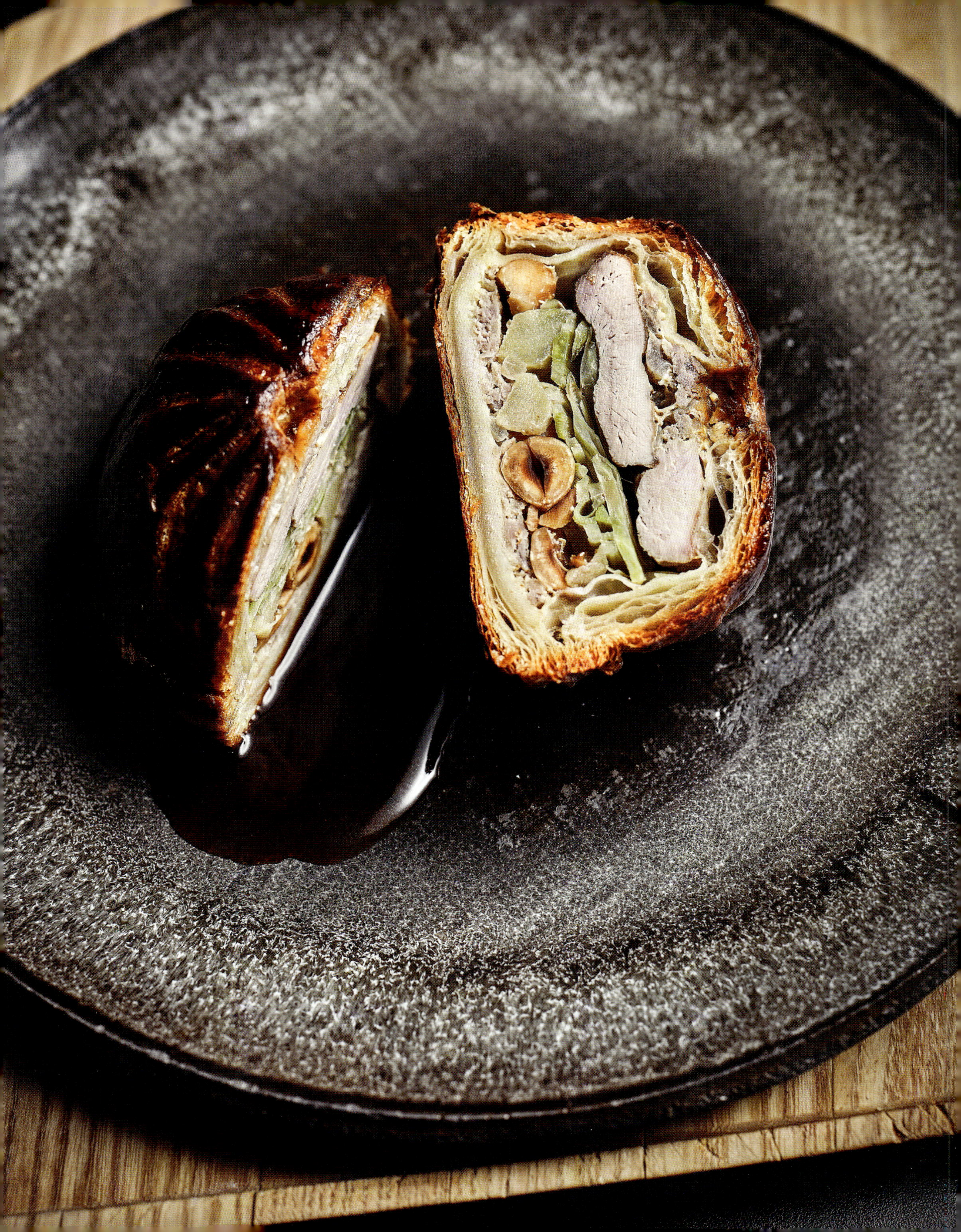

Tourte de caille, fenouil d'Albert, pomme et noisette*

Recette imaginée par Olivier da Silva et Suzanne Waymel, l'Odas.*

Pour 4 personnes – Préparation : 40 min – Cuisson : 30 min – Repos : 35 min

500 g de pâte feuilletée
8 filets de caille
Beurre demi-sel
4 jeunes fenouils
4 tranches de pain de mie
200 g de farce fine de cochon
1 pomme Golden épluchée et découpée en tranches fines
50 g de brisures de noisettes torréfiées
2 jaunes d'œufs battus
Sel, poivre

Étalez finement la pâte feuilletée et détaillez 4 ronds de 12 cm de diamètre et 4 ronds de 20 cm de diamètre. Réservez vos disques de feuilletage au frais.

Dans une poêle chaude, faites colorer quelques secondes les filets de caille avec une noix de beurre demi-sel. Réservez.

Taillez les jeunes fenouils en 3 ou 4 tranches selon l'épaisseur. Faites-les revenir rapidement avec une noix de beurre demi-sel. Poivrez.

À l'aide d'un rouleau à pâtisserie, abaissez les tranches de pain de mie. Taillez des ronds de 10 cm de diamètre avec un emporte-pièce (ils serviront de base au mille-feuille pour absorber une partie du jus de cuisson).

Dans un emporte-pièce de 10 cm, montez en étages : la tranche de pain de mie, une couche fine de farce de cochon d'environ ½ cm, quelques brisures de noisettes torréfiées, des morceaux de fenouil, une tranche de pomme et 1 filet de caille soigneusement égoutté. Terminez avec un peu de farce fine de cochon.

Sortez vos disques de pâte feuilletée du frais. Disposez chaque mille-feuille sur un disque de 12 cm. À l'aide d'un pinceau, dorez légèrement avec du jaune d'œuf battu les 2 cm de pâte apparente autour du mille-feuille. Déposez un disque de 20 cm au-dessus de chacun. Soudez les deux pâtes.

À l'aide d'un emporte-pièce de 12 cm de diamètre, détaillez chaque tourte pour enlever l'excédent de pâte ou faites-le délicatement à la main avec une lame de couteau. Maintenez bien les bords pour garantir une bonne étanchéité. Dorez les tourtes avec du jaune d'œuf. Placez au frais 30 min.

Sortez-les et décorez le dessus des pâtes feuilletées avec le dos d'une lame de couteau (pour ne pas faire de trous). Dorez une seconde fois les pâtes avec du jaune d'œuf battu. Faites une cheminée sur le dessus pour pouvoir évacuer l'humidité lors de la cuisson, avec une douille en inox de petit diamètre ou un petit cône réalisé avec du papier aluminium.

Préchauffez votre four à 220°C (th. 7/8). Enfournez pour 15 à 20 min de cuisson. Laissez reposer 5 min et dégustez accompagné d'un bon jus de viande.

* Les légumes d'Agathe & Albert, producteurs normands 100 % bio, Yvetot.

Aloyau de bœuf aux légumes printaniers

Recette imaginée par Vincent Taillefer, La Couronne.

Pour 4 personnes – Préparation : 30 min – Cuisson : 30 min

4 aloyaux de 160 g environ par personne
2 courgettes moyennes
1 aubergine
1 poivron
4 oignons nouveaux
6 olives
50 g de parmesan
Brins de verdure

Pour la vinaigrette :
2 jaunes d'œufs
3 cl de jus de citron
25 cl d'huile de colza
1 cuil à soupe de pad thaï

Coupez en deux les courgettes dans le sens de la longueur. Videz-les et faites-les blanchir dans une casserole d'eau bouillante 2 min pour qu'elles restent croquantes. Faites-les refroidir dans un saladier d'eau glacée.

Coupez en petits cubes les légumes. Poêlez-les séparément. Mélangez-les et puis garnissez de ce mélange les deux courgettes.

Disposez les olives coupées en morceaux. Ajoutez des copeaux de parmesan et enfournez 5 min à 180°C (th. 6/7).

Enfournez les aloyaux 4 min pour une cuisson saignante.

Montez la vinaigrette comme une mayonnaise. Elle doit être souple. Servez les aloyaux avec les légumes et la vinaigrette pad thaï. Décorez de quelques brins de verdure.

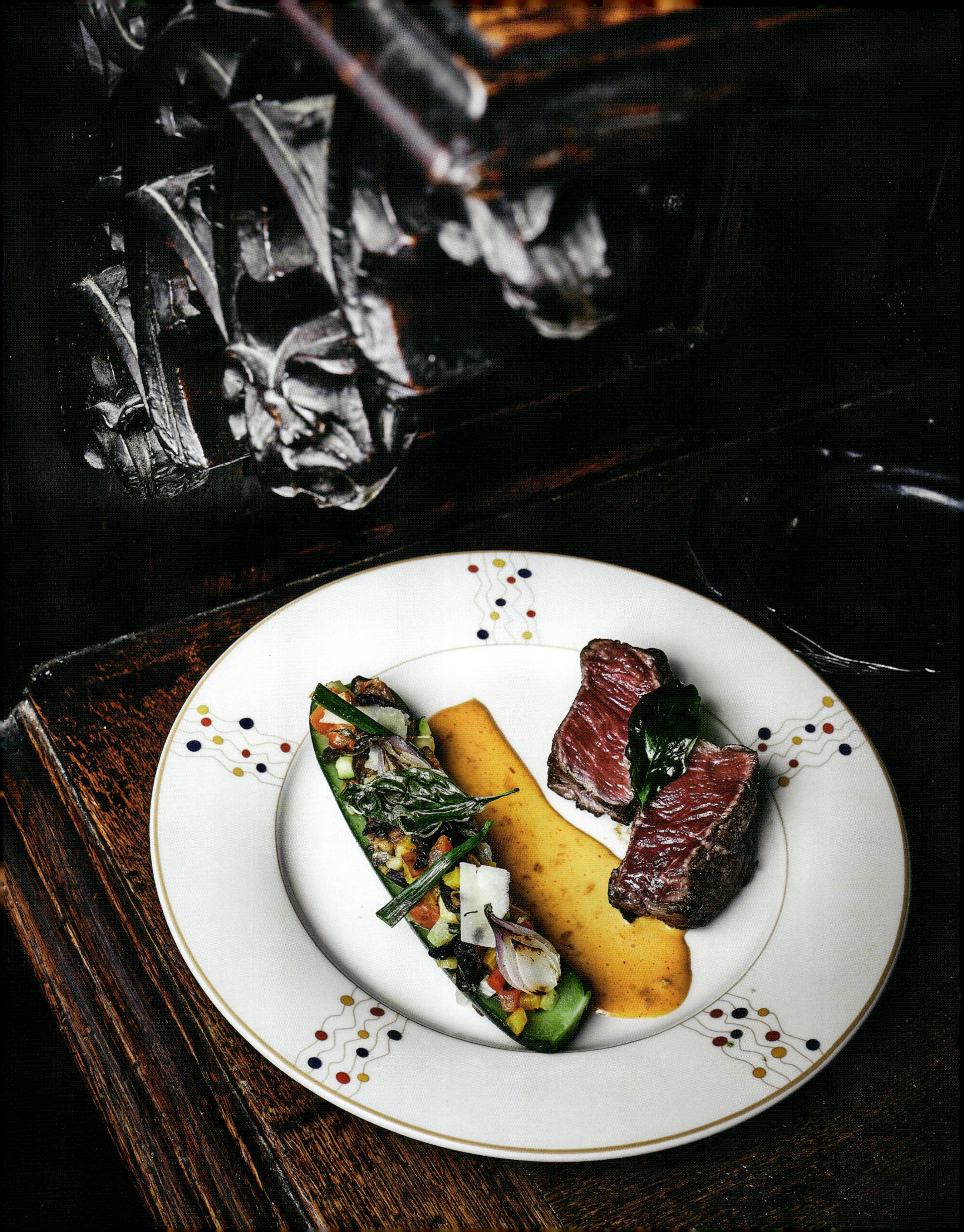

Gigot au beurre persillé

*Recette imaginée par Gilles Tournadre, Gill**.*

Pour 4 personnes – Préparation : 1 h – Cuisson : 1 h – Repos : 10 min

1 gigot d'agneau de pré salé (avec ses parures)
Thym, romarin, laurier
1 carotte
½ oignon
1 gousse d'ail
½ verre de vin blanc sec
Huile d'olive

Pour le beurre de persil :
1 bouquet de persil
200 g de beurre pommade
½ gousse d'ail en purée

Pour la garniture :
300 g de pommes de terre Délicatesse
400 g de girolles
10 gousses d'ail cuites
8 échalotes
Lait

Préparez le beurre persillé. Faites blanchir le persil dans une casserole d'eau chaude salée pendant 5 min, puis refroidissez-le dans un saladier d'eau glacée. Égouttez-le bien et déposez-le dans le bol d'un robot. Mixez jusqu'à l'obtention d'une purée. Ajoutez le beurre pommade et l'ail, mixez de nouveau et réservez au frais.

Préparez la garniture. Blanchissez les gousses d'ail dans de l'eau glacée puis faites-les cuire dans une casserole de lait pendant 20 min sur feu doux. Pendant ce temps, épluchez les échalotes et faites-les confire dans un peu d'huile d'olive. Faites cuire les pommes de terre avec la peau pendant une dizaine de minutes, épluchez-les. Faites revenir les girolles préalablement nettoyées dans un peu d'huile d'olive. Faites dorer le gigot dans une cocotte avec de l'huile d'olive. Ajoutez la garniture aromatique et les parures. Enfournez à 210°C (th. 7). Comptez 15 min par kg de viande. Retournez à mi-cuisson.

À la sortie du four, déposez-le dans un plat puis laissez reposer 10 min. Grattez les sucs de cuisson dans la cocotte, puis ajoutez le vin blanc et faites réduire sur feu moyen. Ajoutez si nécessaire un petit verre d'eau. Au moment de servir, déposez le gigot dans un plat, avec les légumes autour et le beurre persillé sur le dessus. Passez au four 5 min à 210°C (th. 7). Passez le jus de cuisson au chinois et versez-le dans une saucière.

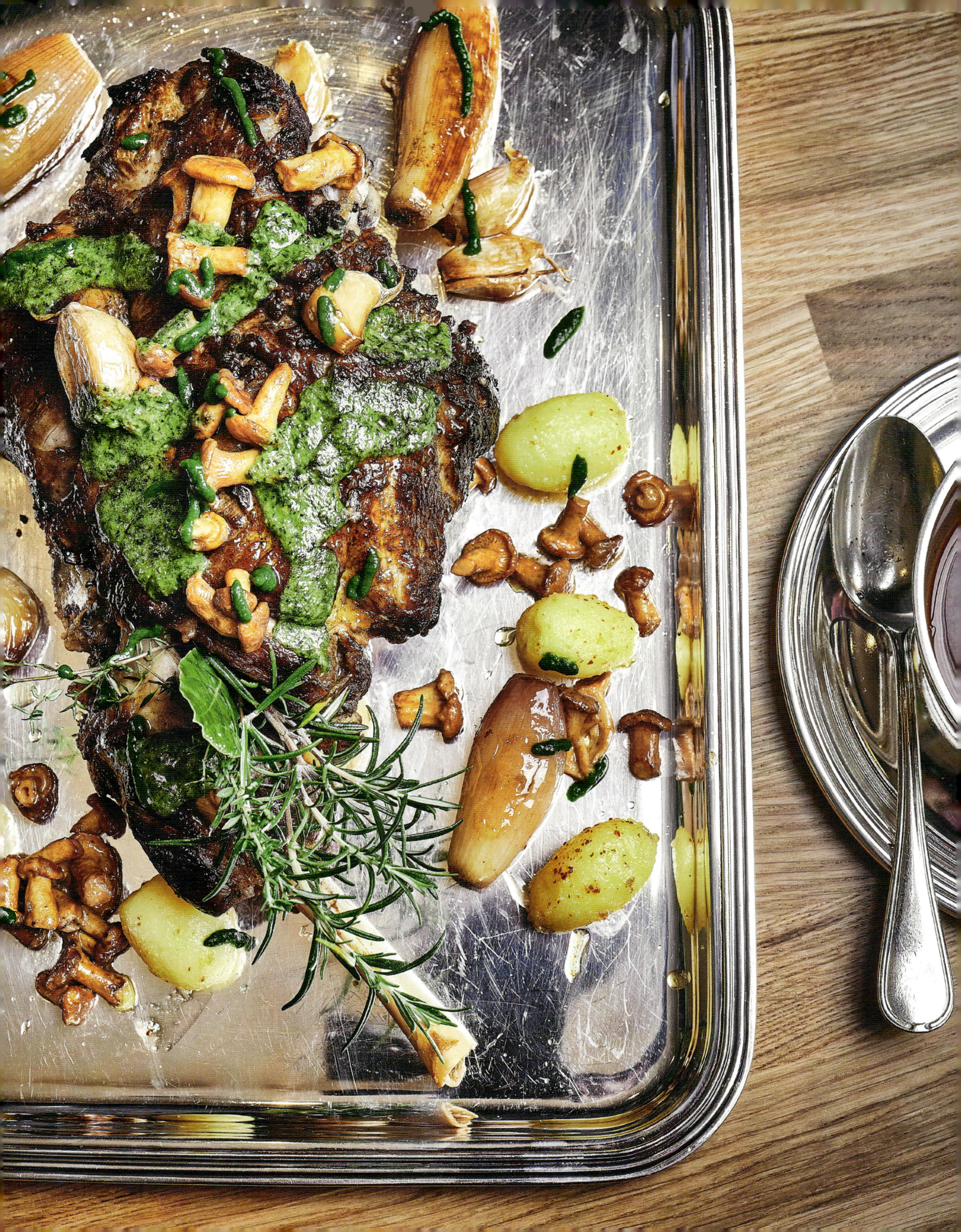

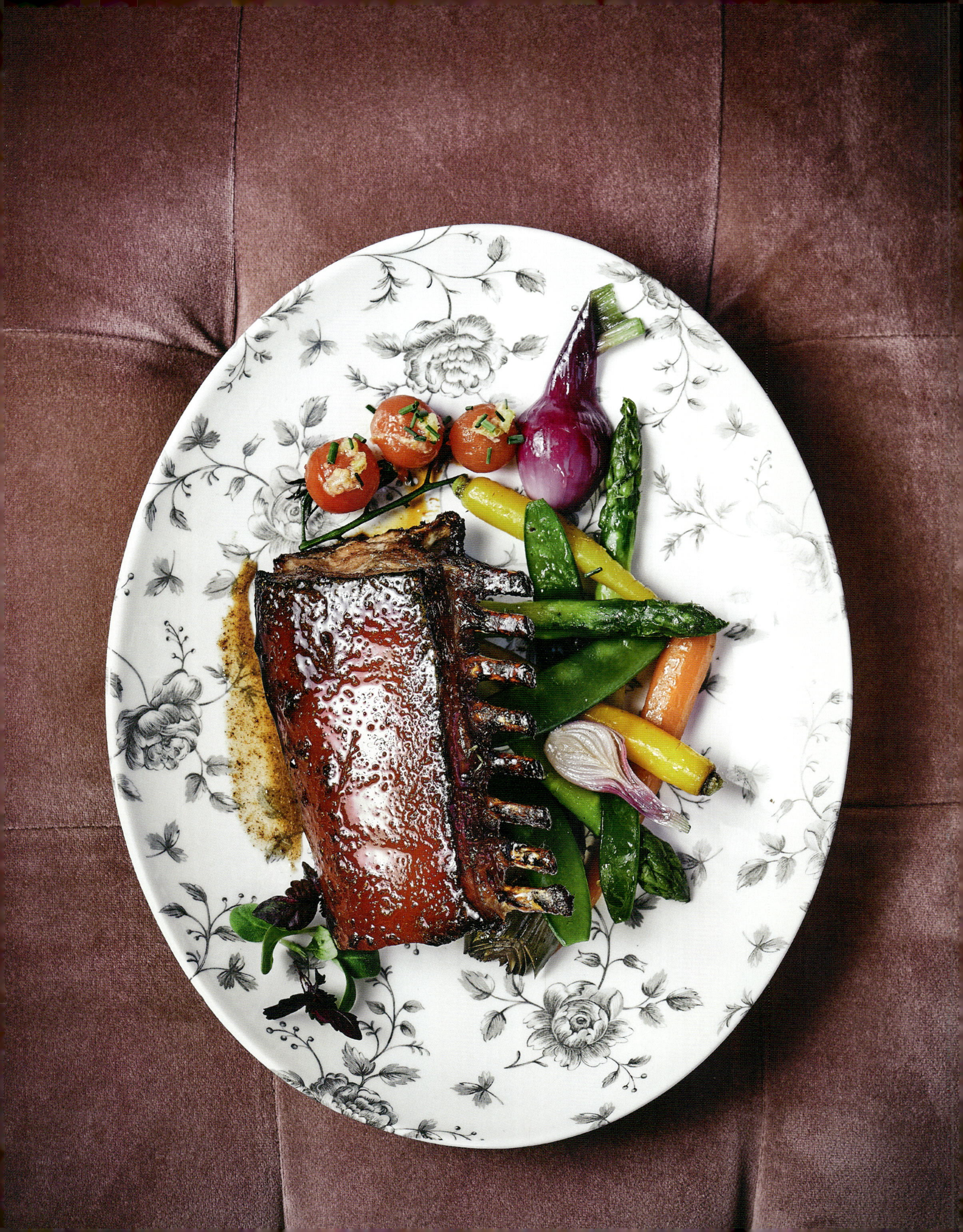

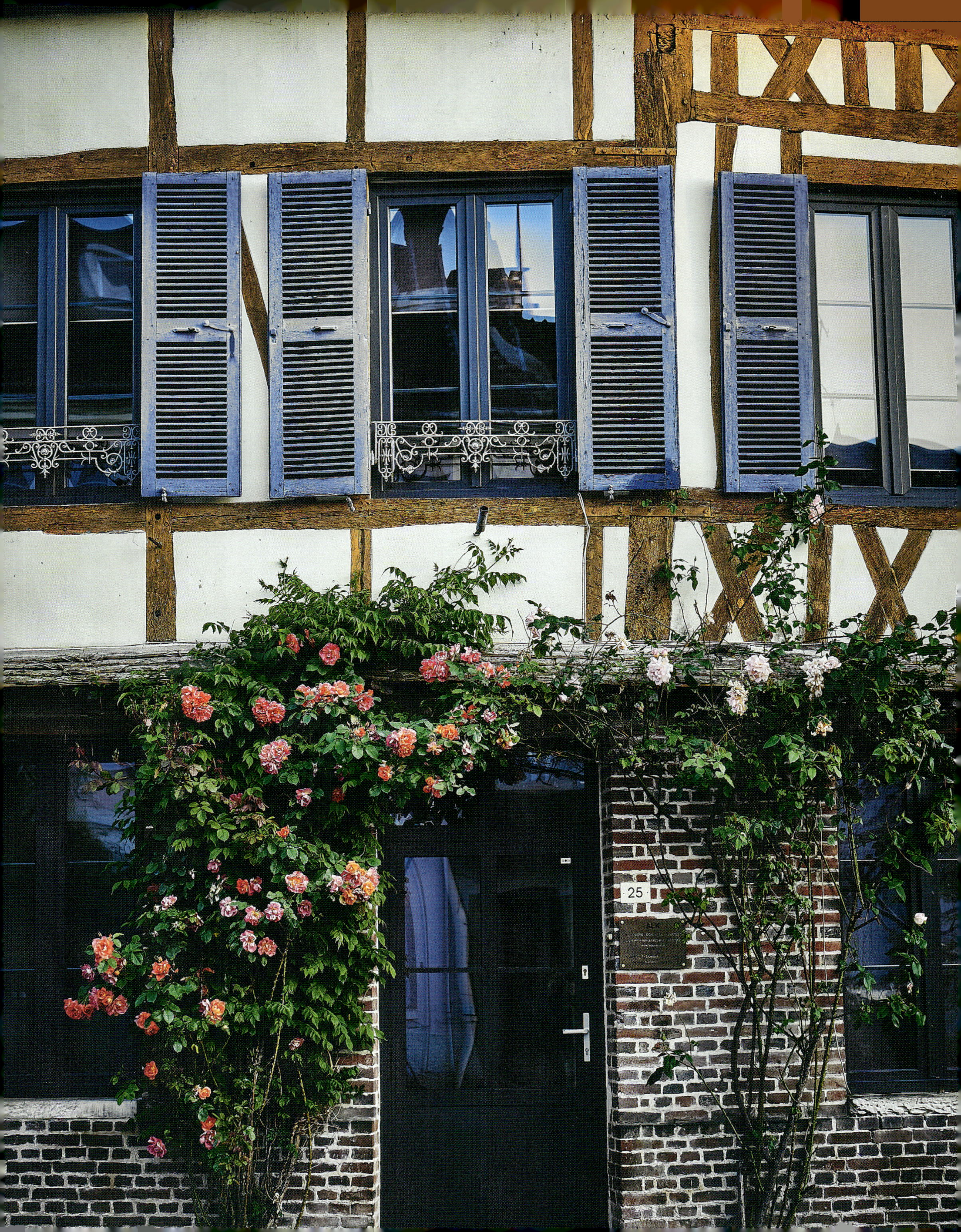
25

Porcelet rôti au miel et aux épices

Recette imaginée par Jacky Folliot, Madame.

Pour 6 personnes – Préparation : 30 min – Cuisson : 45 à 50 min

2 kg environ de porcelet (carré ou cuisse)
4 cuil. à soupe de miel liquide
1 cuil. à café de coriandre moulue
1 cuil. à café de cumin moulu
1 pincée de gingembre moulu
20 g de beurre
Sel et poivre du moulin

Préchauffez le four à 200 °C (th. 6-7). Mélangez le miel et les épices dans un petit bol. Essuyez bien la viande et placez-la dans un plat à rôtir muni d'une grille dans le fond. Trempez un pinceau de cuisine dans le miel et badigeonnez largement toute la surface. Salez, poivrez, répartissez la moitié du beurre en noisettes sur la viande et enfournez.

Après 20 min de cuisson s'il s'agit d'un carré (25 min pour une cuisse), retournez la viande, badigeonnez-la à nouveau avec le reste du miel et arrosez du jus de cuisson. Remettez à cuire 20 à 25 min.

Vérifiez la cuisson en piquant une aiguille fine au cœur de la viande : le jus doit être clair. Découpez et disposez sur un plat chaud.

Mettez le plat de cuisson sur feu vif, versez 2 ou 3 cuil. à soupe d'eau chaude et faites bouillir quelques instants en raclant bien les sucs de cuisson. Incorporez le reste du beurre en remuant vivement et versez ce jus sur la viande. Servez aussitôt accompagné de légumes de saison juste rôtis.

Andouille à l'oseille d'Albert, crémeux de pomme de terre*

Recette imaginée par Olivier da Silva, l'Odas.*

Pour 4 personnes – Préparation : 25 min – Cuisson : 30 min

200 g d'andouille de Vire
500 g de pommes de terre ratte
125 g de beurre doux
½ l de lait entier
300 g d'oseille fraîche
Fleur de sel et poivre

Lavez et faites cuire les pommes de terres en robe des champs pendant 10 min environ. Vérifiez la cuisson avec la pointe d'un couteau. Laissez-les refroidir brièvement puis épluchez-les. À l'aide d'un presse-purée, écrasez-les avec 100 g de beurre puis ajoutez le lait entier petit à petit. Mixez légèrement jusqu'à l'obtention d'une texture crémeuse.

Équeutez et lavez soigneusement les feuilles d'oseille. Réservez une petite poignée pour la décoration finale. Faites cuire le reste quelques secondes dans une poêle avec le beurre restant, du sel et du poivre. Mixez les feuilles quelques secondes dans un petit mixer afin d'obtenir un coulis d'oseille bien lisse.

Taillez l'andouille de Vire en 4 tronçons de 1 cm d'épaisseur. Détaillez le reste en petits cubes. Réservez-les. Dans une poêle bien chaude, saisissez les tronçons de chaque côté afin de les caramé-liser légèrement. Comptez 1 min environ.

Au moment de servir, dans une assiette creuse, versez du velouté de pomme de terre puis disposez au centre la tranche d'andouille encore chaude. Ajoutez environ 6 petits cubes bien froids (j'aime bien les jeux de texture et de température). Ajoutez plusieurs points de coulis d'oseille et terminez la décoration avec quelques petites feuilles d'oseille réservées.

* Les légumes d'Agathe & Albert, producteurs normands 100 % bio, Yvetot.

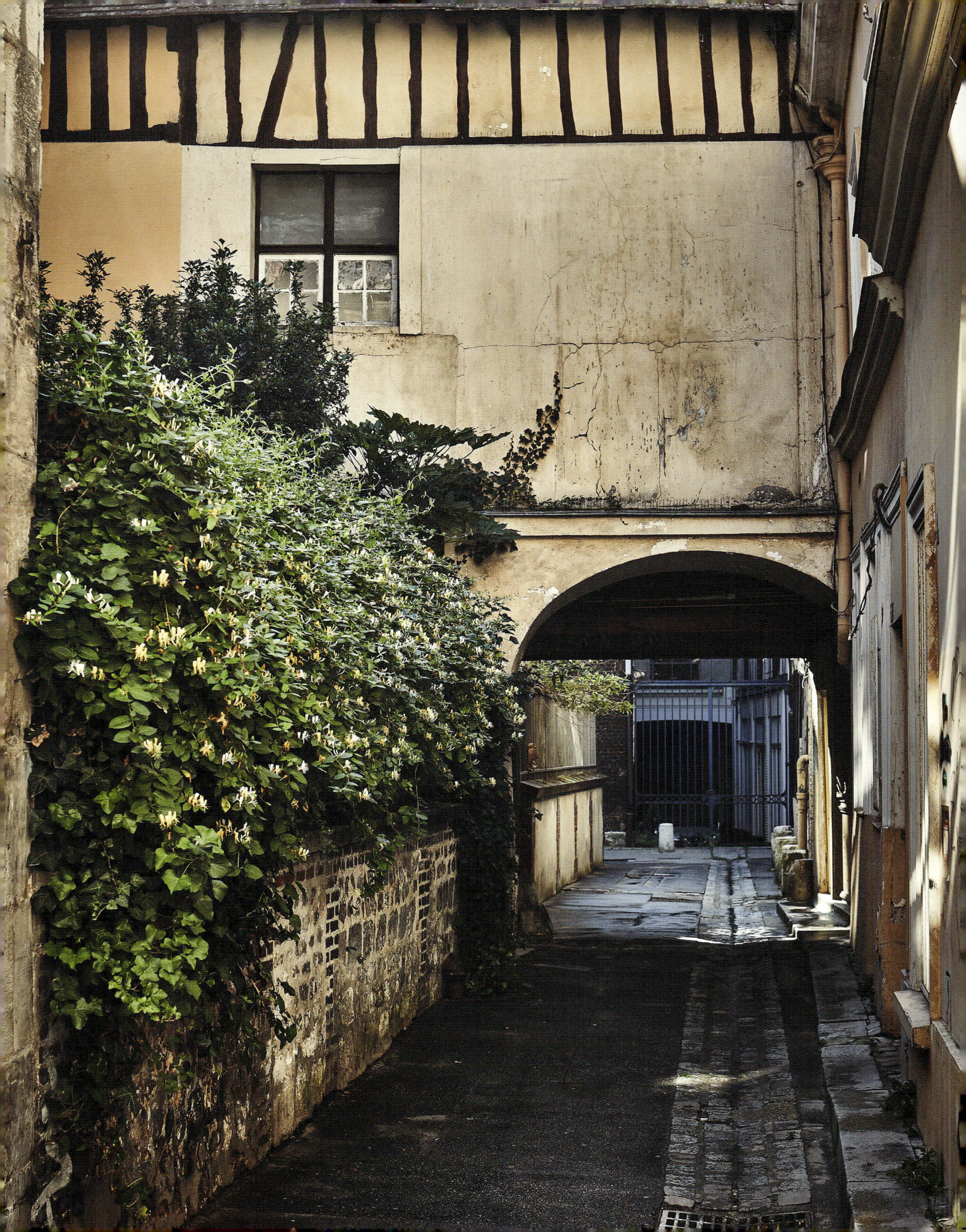

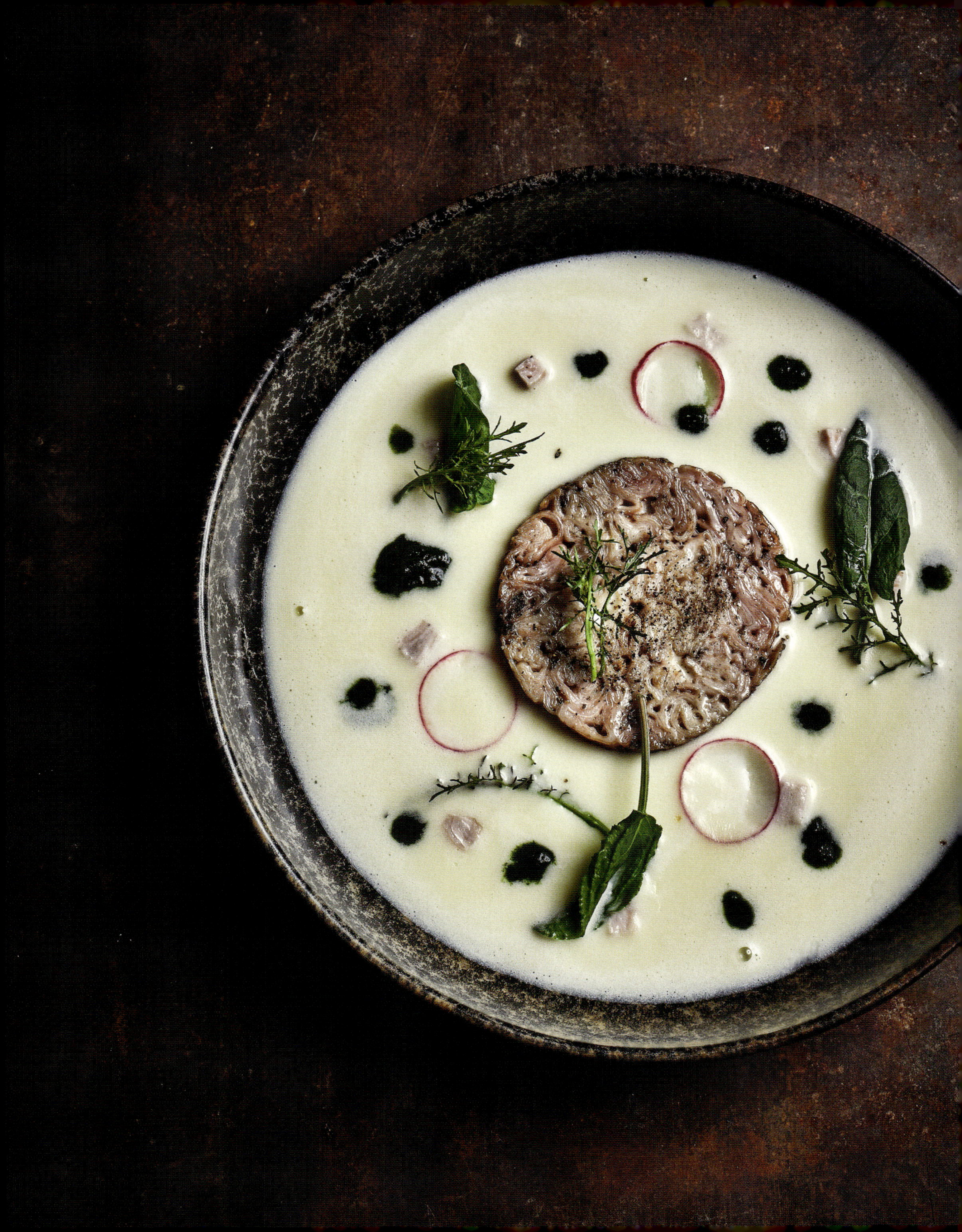

Nougat de chèvre aux fruits secs et gaspacho tomate ananas

Recette imaginée par Marc Andrieu, Les Petits Parapluies.

Pour 4 personnes – Préparation : 15 min – Cuisson : 15 min

Pour le nougat de chèvre :
250 g de fromage de chèvre frais
250 g de ricotta
50 g de pignons de pin torréfiés
50 g de pistaches concassées
40 g de cerneaux de noix concassés
40 g d'abricots secs découpés en petits cubes
20 g de raisins secs
1 pincée de ciboulette ciselée
1 pincée d'échalote ciselée
2 cuil. à soupe d'huile d'olive
1 cuil. à soupe de vinaigre de Xérès
Sel et poivre du moulin

Pour le gaspacho :
6 tomates ananas bien mûres
2 oignons doux
2 branches de thym
2 cuil. à soupe de vinaigre balsamique blanc
Huile d'olive

Crackers aux graines
Quelques feuilles de mâche

Mélangez au batteur le chèvre et la ricotta, puis ajoutez les ingrédients restants. Mélangez de nouveau. Assaisonnez et réservez au frais.

Dans une casserole, faites suer à l'huile d'olive les oignons épluchés et émincés pendant 5 min. Ajoutez les tomates découpées en morceaux et le thym. Laissez compoter 10 min. Mixez au mixer plongeant. Ajoutez le vinaigre balsamique. Passez au chinois et réservez au frais.

Au moment de servir, mixez le gaspacho, versez-le dans des assiettes creuses et déposez sur le dessus une quenelle de nougat de chèvre aux fruits secs, un cracker aux graines et quelques feuilles de mâche.

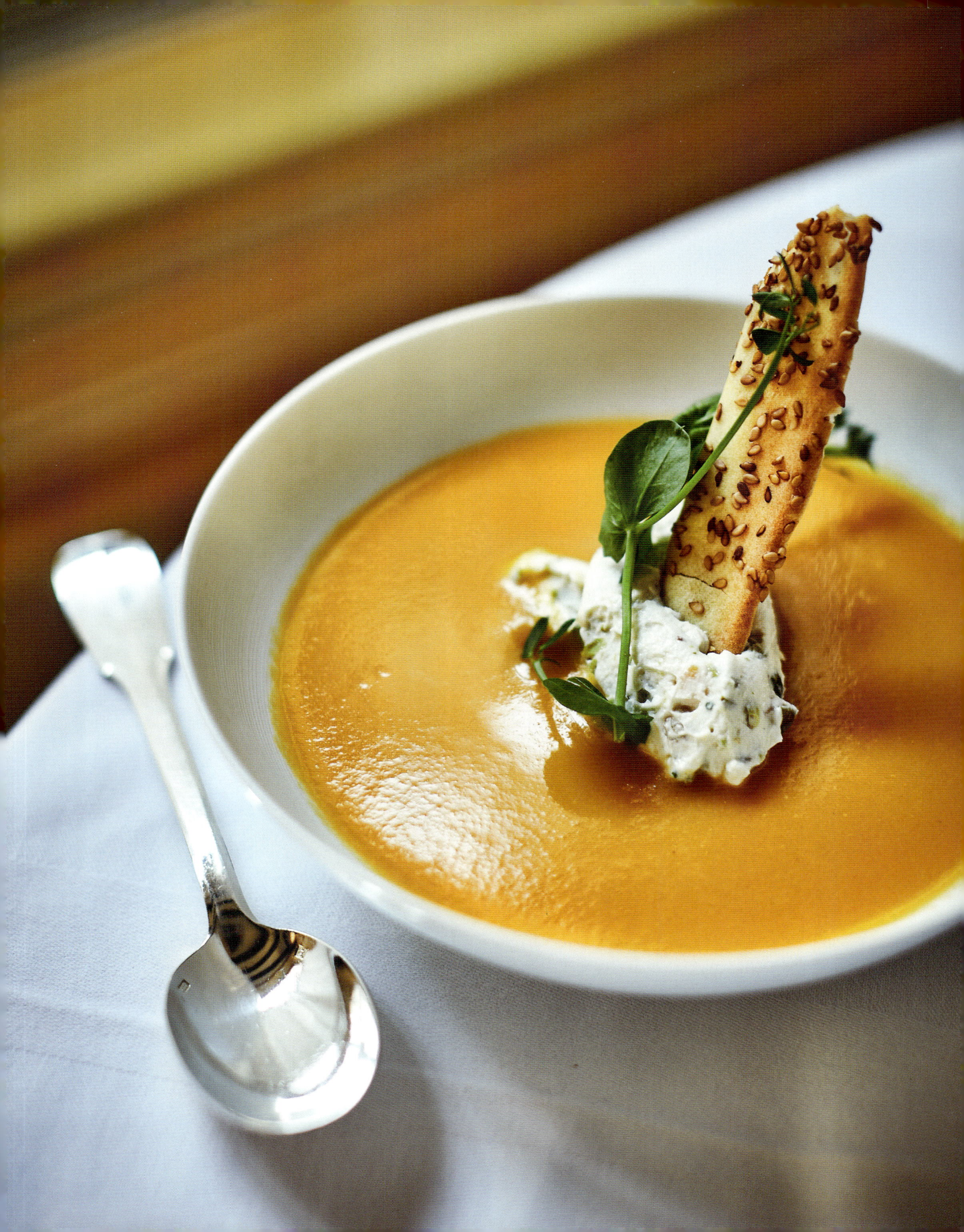

« Elle avait lu Paul et Virginie *et elle avait rêvé la maisonnette de bambous, le nègre Domingo, le chien Fidèle, mais surtout l'amitié douce de quelque bon petit frère, qui va chercher pour vous des fruits rouges dans des grands arbres plus hauts que des clochers, ou qui court pieds nus sur le sable, vous apportant un nid d'oiseau. »*

Tarte aux fraises

Recette imaginée par Gaëlle Koch-Roullé, Enfin chez Gaëlle – Cantine gourmande.

Pour 6 à 8 personnes – Préparation : 30 min – Repos : 1 nuit - Cuisson : 25 min

Pour la pâte sucrée :
90 g de beurre salé mou
90 g de sucre glace
2 jaunes d'œufs
145 g de farine
1 sachet de levure

Pour la crème :
250 g de crème liquide 35% de matière grasse
1 gousse de vanille
50 g de chocolat blanc coupé en morceaux
500 g de fraises

Préparez la pâte sucrée en mélangeant le sucre et les jaunes d'œufs. Ajoutez le beurre coupé en morceaux, la farine et la levure tamisées puis mélangez. Étalez dans un cercle de 26 cm de diamètre et laissez reposer toute une nuit.

Préparez également la veille la crème. Faites-la bouillir dans une casserole avec la gousse de vanille grattée. Passez au chinois puis versez sur les morceaux de chocolat blanc. Mixez au plongeur. Laissez refroidir avant de filmer la préparation. Laissez reposer au frais.

Le lendemain, préchauffez le four à 180°C (th. 6) et enfournez la pâte sucrée pour 17 min de cuisson. Laissez refroidir avant d'enlever le cercle. Fouettez la crème au batteur, mettez-la dans une poche à douille puis dressez sur le fond de pâte. Disposez les fraises, découpées en lamelles, en rosace. Conservez dans le bas du frigo jusqu'au moment de servir.

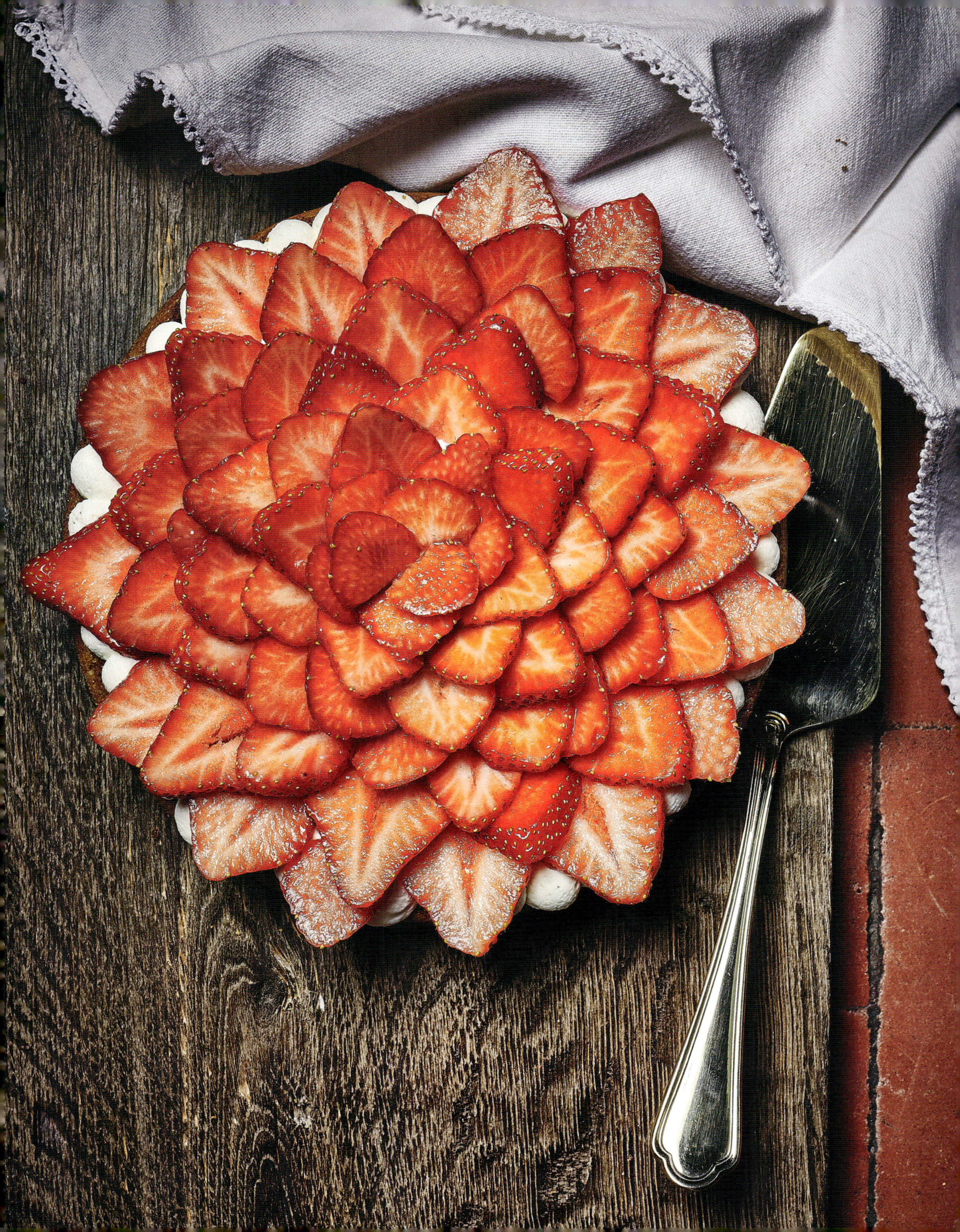

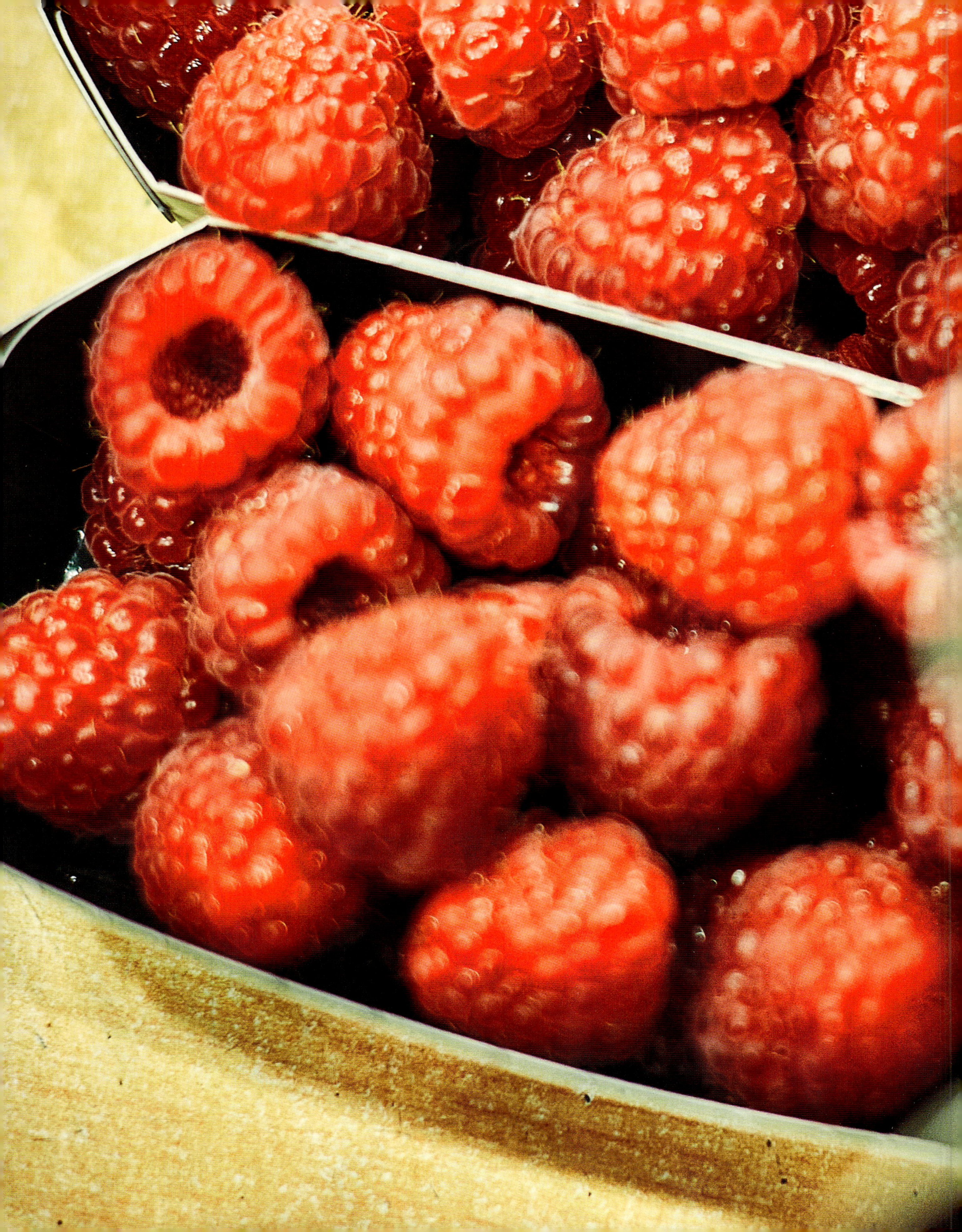

Ceviche de mangue et fruits rouges

Recette imaginée par Quentin Monville, Le Palais du Fruit.

Pour 4 personnes – Préparation : 10 min – Repos : 10 min

2 mangues
1 oignon rouge
Le jus d'un citron vert
Le jus d'une orange
100 g de fruits rouges mélangés
Coriandre

Épluchez et découpez finement l'oignon rouge. Plongez-le dans de l'eau salée et laissez macérer pendant 10 min. Pelez les mangues et découpez-les en morceaux. Servez à l'assiette les mangues avec de fines lamelles d'oignon rouge, les fruits rouges, quelques feuilles de coriandre et assaisonnez l'ensemble avec le jus de citron vert et le jus de l'orange. Dégustez aussitôt.

« L'air du bal était lourd ; les lampes pâlissaient. On refluait dans la salle de billard. Un domestique monta sur une chaise et cassa deux vitres ; au bruit des éclats de verre, madame Bovary tourna la tête et aperçut dans le jardin, contre les carreaux, des faces de paysans qui regardaient. Alors le souvenir des Bertaux lui arriva. Elle revit la ferme, la mare bourbeuse, son père en blouse sous les pommiers, et elle se revit elle-même, comme autrefois, écrémant avec son doigt les terrines de lait dans la laiterie. Mais, aux fulgurations de l'heure présente, sa vie passée, si nette jusqu'alors, s'évanouissait tout entière, et elle doutait presque de l'avoir vécue. Elle était là ; puis autour du bal, il n'y avait plus que de l'ombre, étalée sur tout le reste. »

Pannacotta au caramel au beurre salé et graines de sésame

Recette imaginée par Roberto Castello, Acqua & Farine

Pour 6 personnes – Préparation : 15 min – Cuisson : 10 min – Repos : 3 h

25 cl de lait
25 cl de crème fraîche liquide
50 g de sucre en poudre
1 cuil. à café d'extrait de vanille
3 feuilles de gélatine
Graines de sésame

Pour le caramel au beurre salé :
100 g de sucre en poudre
50 g de beurre demi-sel

Faites tremper les feuilles de gélatine dans un bol d'eau froide. Chauffez le lait et la crème avec l'extrait de vanille jusqu'à ce que l'ensemble frémisse. Retirez du feu, ajoutez le sucre puis mélangez. Ajoutez les feuilles de gélatine essorées dans le creux de la main. Mélangez. Versez la préparation dans des verrines ou des petits moules puis laissez refroidir avant de placer au frais pendant 3 h.

Préparez le caramel en faisant chauffer le sucre sur feu vif jusqu'à l'obtention d'une jolie couleur dorée. Retirez du feu puis ajoutez le beurre demi-sel. Mélangez.

Faites griller à sec dans une poêle les graines de sésame.

Au moment de servir, démoulez les pannacotta, et accompagnez avec du caramel au beurre salé et des graines de sésame grillées.

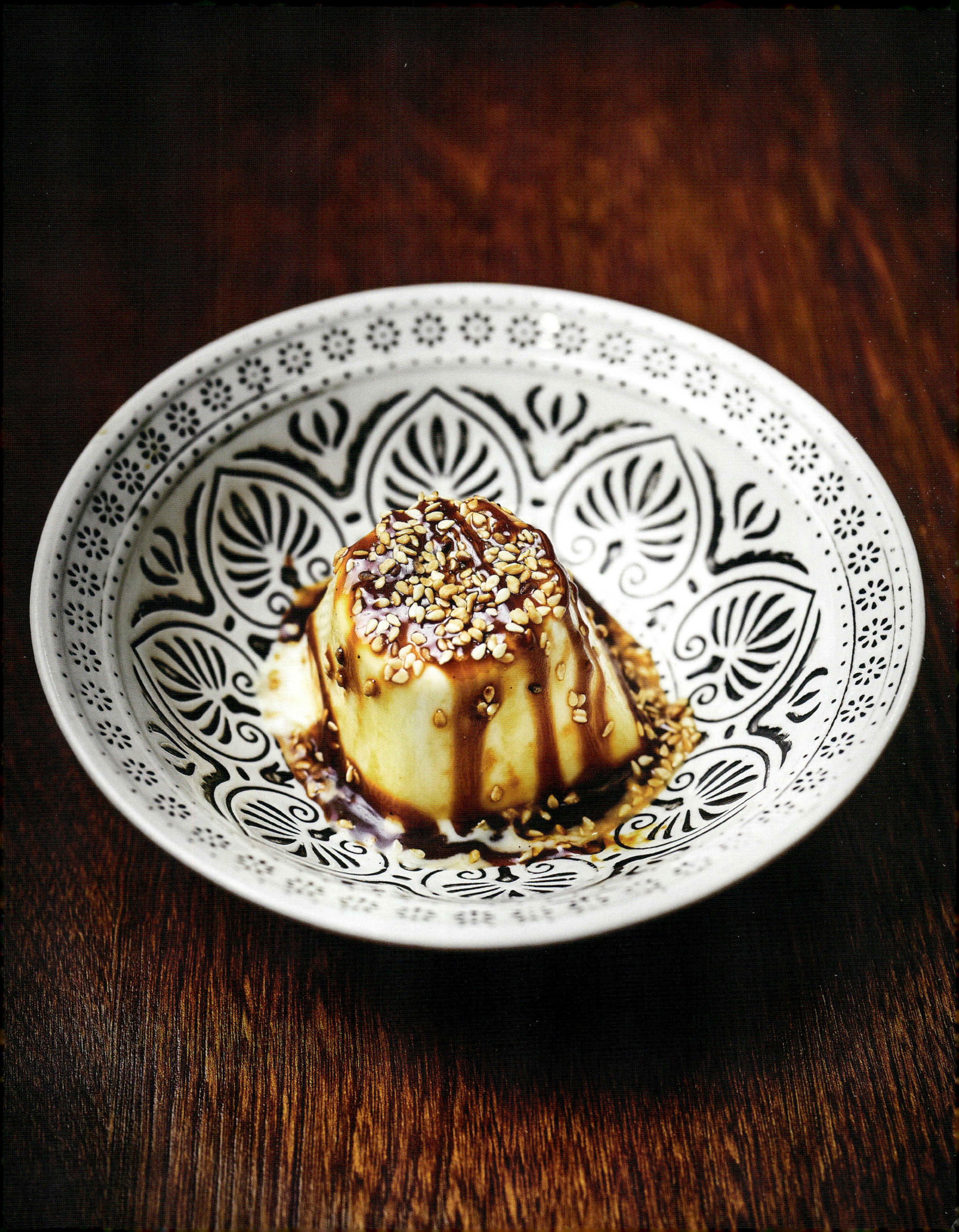

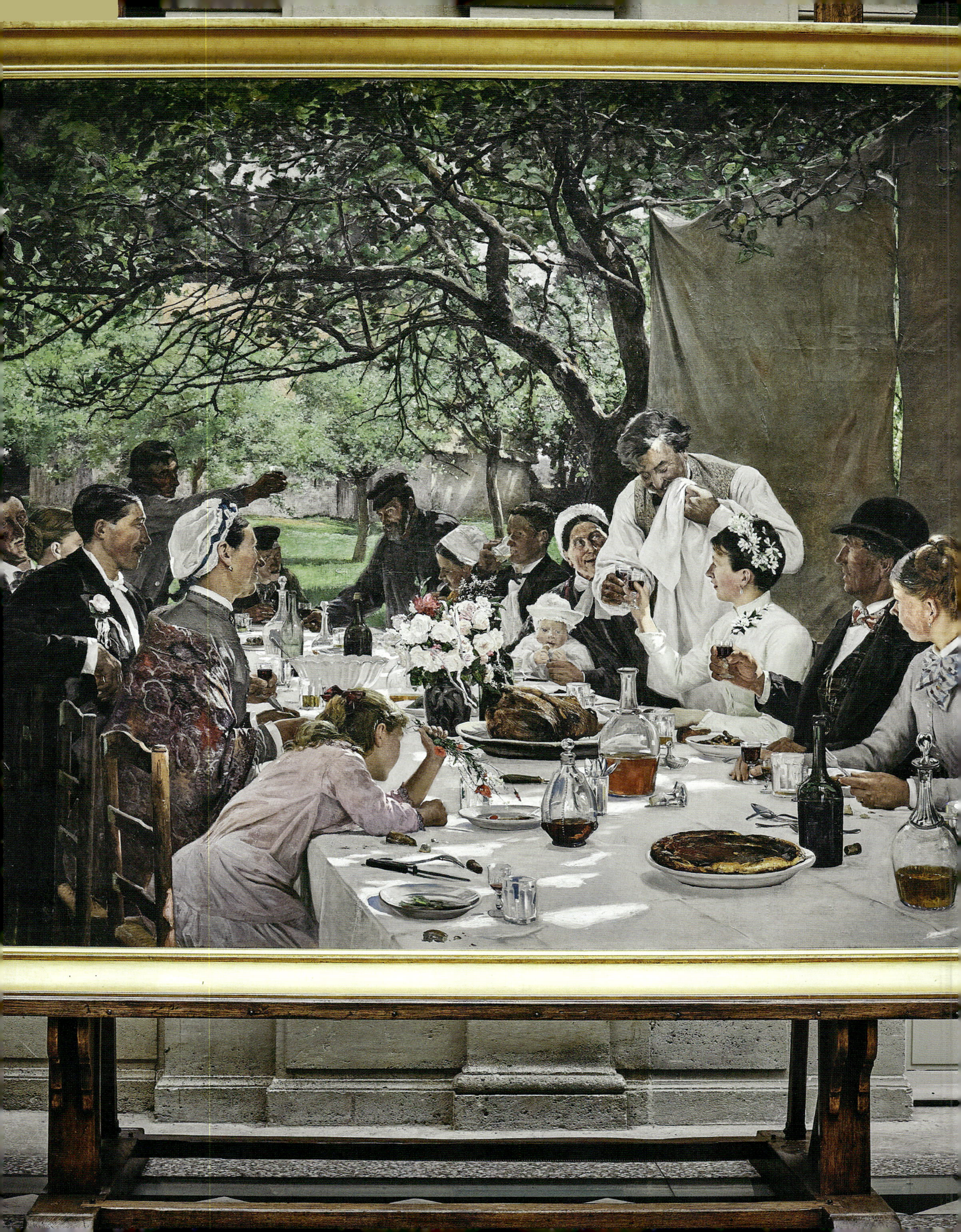

« La table était mise dans la grande cuisine, qui pouvait contenir cent personnes. On s'assit à deux heures. À huit heures on mangeait encore. Les hommes déboutonnés, en bras de chemise, la face rougie, engloutissaient comme des gouffres. Le cidre jaune luisait, joyeux, clair et doré, dans de grands verres, à côté du vin coloré, du vin sombre, couleur de sang. Entre chaque plat on faisait un trou, le trou normand, avec un verre d'eau-de-vie, qui jetait du feu dans les corps et de la folie dans les têtes. »

Le mariage à la campagne au XIXe siècle

Dans le scénario nuptial, le repas de noces constitue le point culminant des festivités : il permet aux hôtes de communier avec les mariés, ainsi que le suggère cette peinture d'Albert Fourié. Elle représente le moment solennel où les mariés se portent un toast l'un à l'autre lors d'une noce fêtée à Yport, dans le pays de Caux. Sous les pommiers en fleurs, des invités en costume de ville côtoient des personnes vêtues du costume traditionnel de la région.

Albert-Auguste Fourié
Un repas de noces à Yport, 1886
Rouen, Musée des Beaux-Arts / Réunion des Musées Métropolitains.

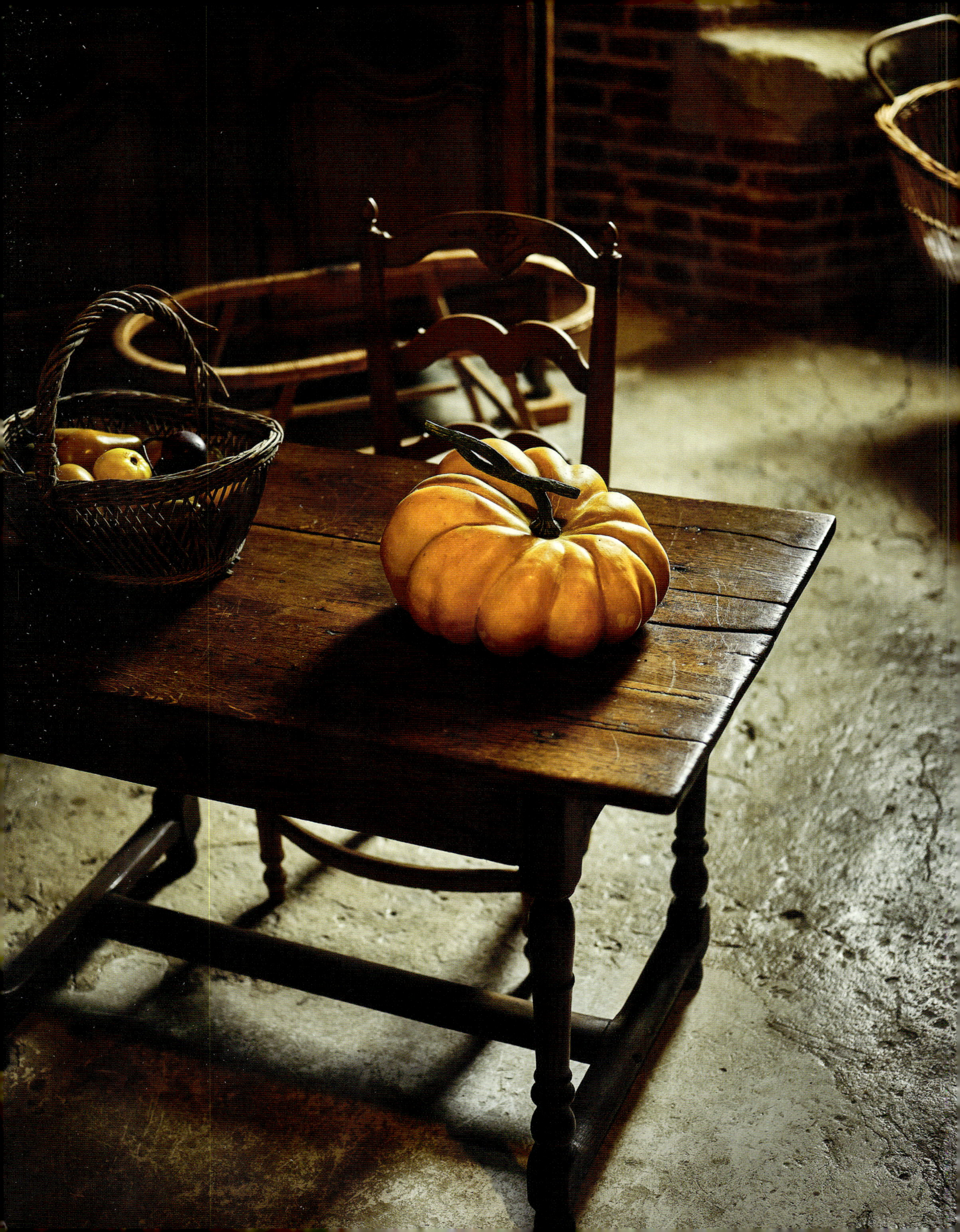

Salammbô a été écrit après *Madame Bovary* mais le projet d'un roman oriental est présent dans sa correspondance dès 1853 : « *Ah ! qu'il me tarde d'être débarrassé de la Bovary [...] ! Que j'ai hâte donc d'avoir fini tout cela pour me lancer à corps perdu dans un sujet vaste et propre. J'ai des prurits d'épopée. Je voudrais de grandes histoires à pic, et peintes du haut en bas. Mon conte oriental me revient par bouffées ; j'en ai des odeurs vagues qui m'arrivent et qui me mettent l'âme en dilatation* ». Lettre à Louise Colet

Salammbô

Gustave Flaubert aime les voyages, l'ailleurs. Son écriture s'en trouve inspirée comme dans ce roman contant la guerre des Mercenaires (IIIe siècle av. J.-C.) opposant la ville tunisienne de Carthage aux soldats employés par celle-ci. Il se rend sur place en 1858. Publié quatre ans plus tard, les critiques sont mitigées. Certains voient là une invitation au voyage (George Sand, Victor Hugo, Jules Michelet...) tandis qu'à l'inverse, le critique littéraire Sainte-Beuve s'en désole : « Il était allé choisir... un pays de monstres et de ruines, l'Afrique... »
Épicurien au-delà des frontières, Flaubert rend gourmand son récit par de longues et très fines descriptions de l'art de vivre oriental, saupoudré d'un exotisme oscillant entre sensualité et violence. Le roman débute d'ailleurs par la description d'un banquet orgiaque.

« Ils s'allongeaient sur les coussins, ils mangeaient accroupis autour de grands plateaux, ou bien, couchés sur le ventre, ils tiraient à eux les morceaux de viande, et se rassasiaient appuyés sur les coudes, dans la pose pacifique des lions lorsqu'ils dépècent leur proie. Les derniers venus, debout contre les arbres, regardaient les tables basses disparaissant à moitié sous des tapis d'écarlate, et attendaient leur tour. Les cuisines d'Hamilcar n'étant pas suffisantes, le Conseil leur avait envoyé des esclaves, de la vaisselle, des lits ; et l'on voyait au milieu du jardin, comme sur un champ de bataille quand on brûle les morts, de grands feux clairs où rôtissaient des bœufs. Les pains saupoudrés d'anis alternaient avec les gros fromages plus lourds que des disques, et les cratères pleins de vin, et les canthares pleins d'eau auprès des corbeilles en filigrane d'or qui contenaient des fleurs. La joie de pouvoir enfin se gorger à l'aise dilatait tous les yeux ; çà et là, les chansons commençaient. »

Rumsteak au caramel de framboise

Recette imaginée par Thierry Demoget, Les Capucines.

Pour 4 personnes – Préparation : 20 min – Cuisson : 10 à 20 min

4 pavés dans l'aiguillette de bœuf
50 g de sucre en poudre
5 cl de vinaigre de framboise
30 g de myrtilles
10 cl de fond de veau
Huile d'arachide
Beurre doux

Faites chauffer dans une poêle un peu d'huile d'arachide et une noix de beurre. Poêlez les pavés en les arrosant au cours de la cuisson. Comptez 5 à 8 min. Réservez avec une feuille d'aluminium sur le dessus pour attendrir la viande. Pendant ce temps, préparez un caramel. Faites chauffer le sucre. Déglacez avec le vinaigre de framboise puis ajoutez quelques myrtilles. Laissez réduire et ajoutez le fond de veau. Faites réduire de nouveau jusqu'à l'obtention d'une consistance sirupeuse. Faites réchauffer la viande avant de servir, avec le caramel de framboise. Accompagnez d'une rosace de pommes de terre, de quelques champignons et d'un quartier de sucrine assaisonnée.

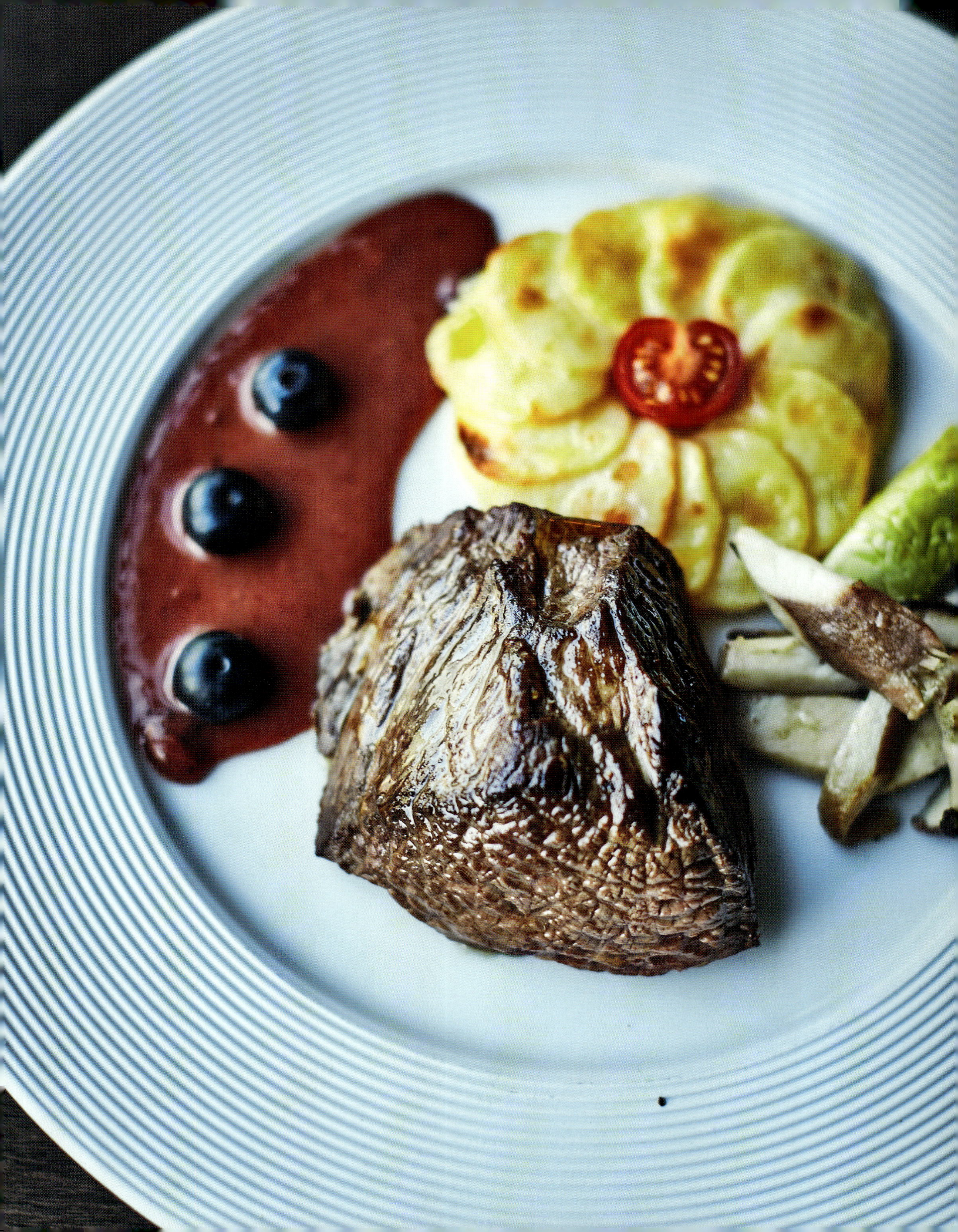

« D'abord on leur servit des oiseaux à la sauce verte, dans des assiettes d'argile rouge rehaussée de dessins noirs, puis toutes les espèces de coquillages que l'on ramasse sur les côtes puniques, des bouillies de froment, de fève et d'orge, et des escargots au cumin, sur des plats d'ambre jaune. »

Huîtres chaudes gratinées

Recette imaginée par Pascal Hauguel, Grand Dauphin.

Flaubert affectionne les produits de la mer, et les huîtres en particulier. En témoigne cet échange épistolaire avec sa nièce Caroline : *« Pour se donner du ton, Monsieur s'était coulé dans le cornet une douzaine d'huîtres, un bon beefsteak et une demie de chambertin, avec un verre d'eau-de-vie et un de chartreuse. »*

Pour 4 personnes – Préparation : 20 min – Cuisson : 15 à 20 min

24 huîtres creuses de Bretagne n°2
10 petits champignons de Paris
2 échalotes
Cerfeuil, persil, ciboulette, basilic
50 g de beurre
100 g de crème fraîche
4 cuil. à soupe de chapelure blanche
Sel et poivre du moulin

Préchauffez le four à 250°C (th. 9).

Lavez les champignons et hachez-les finement. Épluchez les échalotes et hachez-les. Ciselez finement les herbes. Mélangez-les et prélevez une cuillère à soupe de ce mélange pour la décoration finale. Faites fondre une noix de beurre dans une casserole. Jetez-y les champignons et les échalotes. Faites cuire jusqu'à évaporation de l'eau des champignons. Ajoutez la crème fraîche, les herbes ciselées et une pincée de sel et de poivre. Faites cuire encore 3 min.

Ouvrez et décoquillez les huîtres. Lavez les 12 plus belles coquilles et essuyez-les bien. Déposez au fond de chacune d'elle un peu de préparation aux champignons puis 2 huîtres. Faites fondre le beurre restant dans une petite casserole et mélangez-le avec la chapelure. Recouvrez les huîtres de ce mélange. Juste avant de servir, enfournez-les pour 3 à 4 min seulement, juste le temps pour la chapelure de dorer. Saupoudrez des herbes réservées.

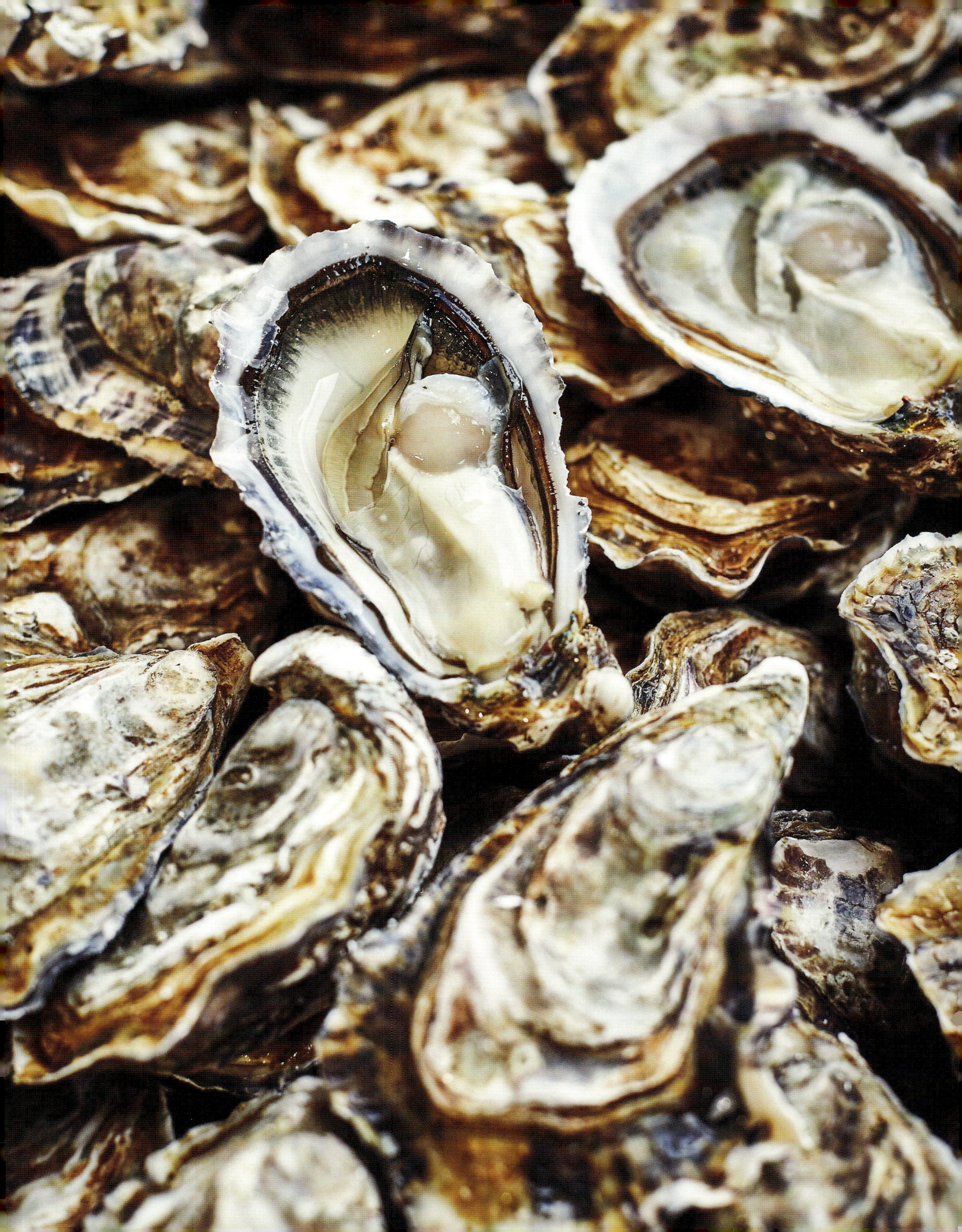

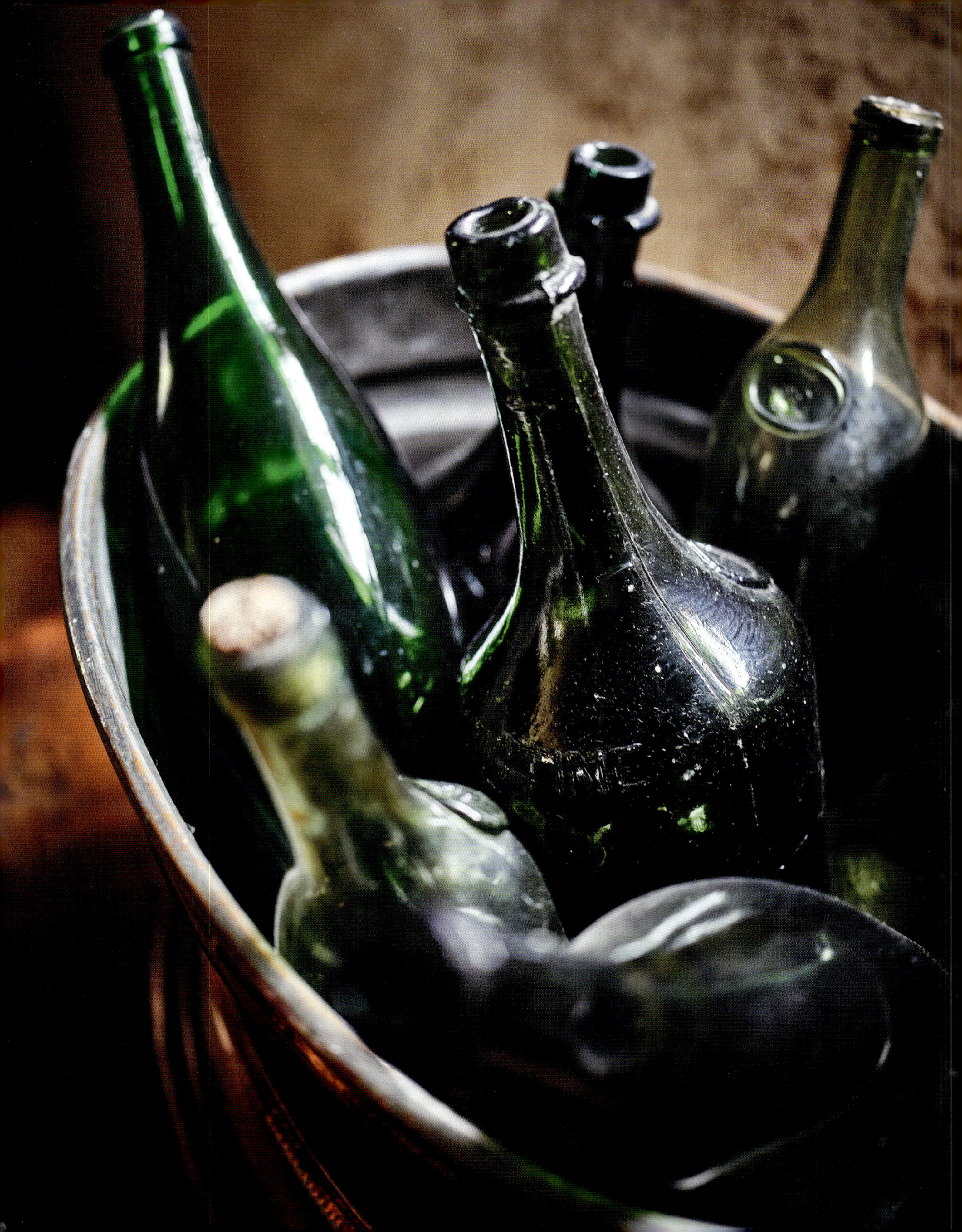

« Ensuite les tables furent couvertes de viandes : antilopes avec leurs cornes, paons avec leurs plumes, moutons entiers cuits au vin doux, gigots de chamelles et de buffles, hérissons au garum, cigales frites et loirs confits. Dans des gamelles en bois de Tamrapanni flottaient, au milieu du safran, de grands morceaux de graisse. Tout débordait de saumure, de truffes et d'assa-fœtida. Les pyramides de fruits s'éboulaient sur les gâteaux de miel, et on n'avait pas oublié quelques-uns de ces petits chiens à gros ventre et à soies roses que l'on engraissait avec du marc d'olives, mets carthaginois en abomination aux autres peuples. La surprise des nourritures nouvelles excitait la cupidité des estomacs. Les Gaulois aux longs cheveux retroussés sur le sommet de la tête s'arrachaient les pastèques et les limons qu'ils croquaient avec l'écorce. Des Nègres n'ayant jamais vu de langoustes se déchiraient le visage à leurs piquants rouges. Les Grecs rasés, plus blancs que des marbres, jetaient derrière eux les épluchures de leur assiette, tandis que des pâtres du Brutium, vêtus de peaux de loup, dévoraient silencieusement, le visage dans leur portion. »

« Carthage était en joie, – une joie profonde, universelle, démesurée, frénétique ; on avait bouché les trous de ruines, repeint les statues des Dieux, des branches de myrte parsemaient les rues, au coin des carrefours l'encens fumait, et la multitude sur la terrasse faisait avec ses vêtements bigarrés comme des tas de fleurs qui s'épanouissaient dans l'air. Le continuel glapissement des voix était dominé par le cri des porteurs d'eau arrosant les dalles ; des esclaves d'Hamilcar offraient, en son nom, de l'orge grillée et des morceaux de viande crue [...] *Le festin allait durer toute la nuit et les lampadaires à plusieurs branches étaient plantés, comme des arbres, sur les tapis de laine peinte qui enveloppaient les tables basses. De grandes buires d'électrum, des amphores de verre bleu, des cuillères d'écaille et des petits pains ronds se pressaient dans la double série des assiettes à bordure de perles ; des grappes de raisin avec leurs feuilles étaient enroulées comme des thyrses à des ceps d'ivoire ; des blocs de neige se fondaient sur des plateaux d'ébène, et des limons, des grenades, des courges et des pastèques faisaient des monticules sous les hautes argenteries ; des sangliers, la gueule ouverte, se vautraient dans la poussière des épices ; des lièvres, couverts de leurs poils, paraissaient bondir entre les fleurs ; des viandes composées emplissaient des coquilles ; les pâtisseries avaient des formes symboliques ; quand on retirait les cloches des plats, il s'envolait des colombes. »*

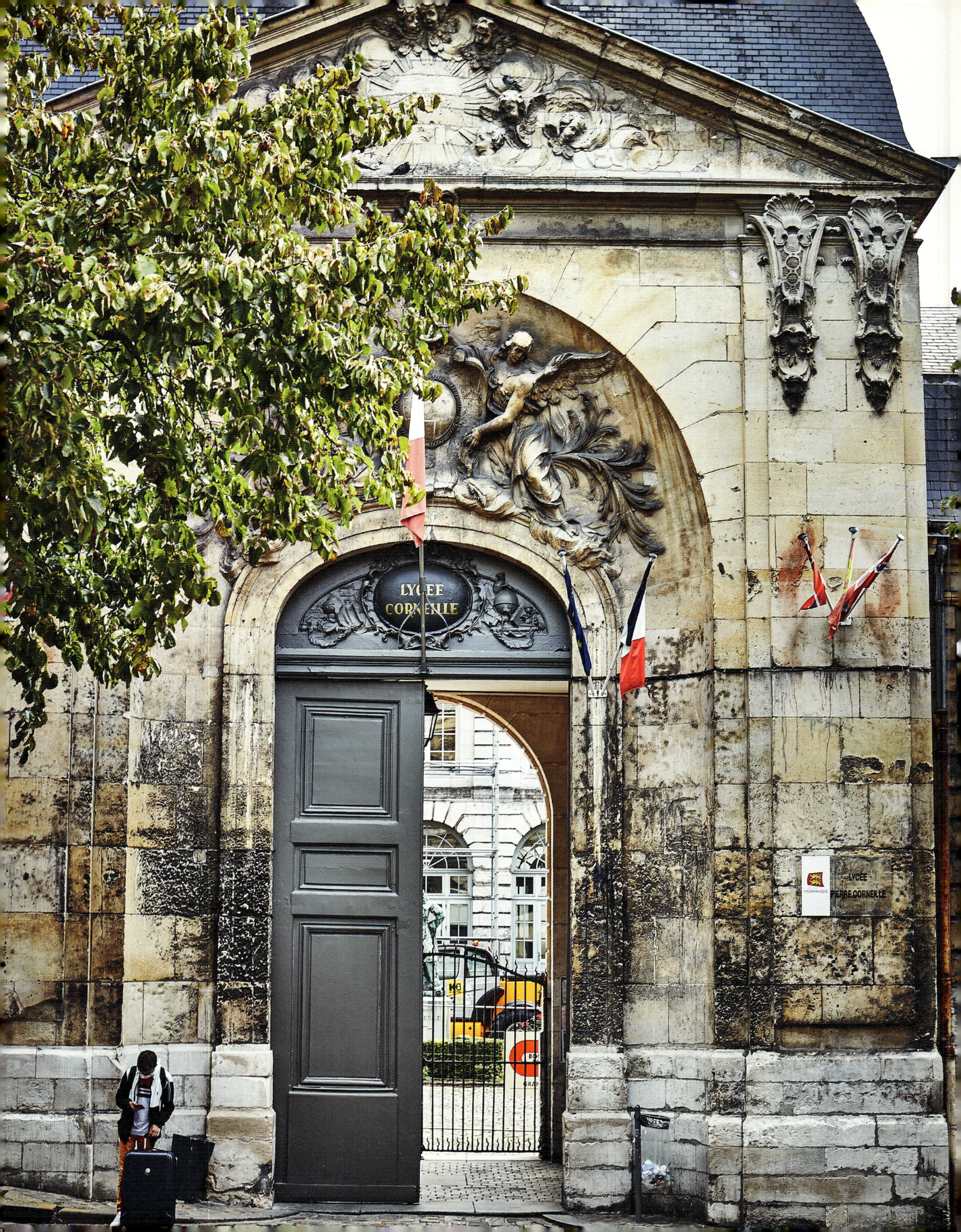
LYCEE
CORNEILLE

L'Éducation sentimentale

Publié en novembre 1869 alors que Flaubert a 48 ans, *L'Éducation sentimentale*, histoire d'un jeune homme qui traverse sa première passion amoureuse, est le fruit de trois essais de jeunesse. De janvier 1843 à janvier 1845, il écrit une première *Éducation sentimentale* qui succède à la rédaction de *Novembre*, et à une toute première ébauche de jeunesse intitulée *Mémoires d'un fou*. Marqué par un fort sentiment d'échec empreint d'ironie, cet ouvrage ne sera pas très bien accueilli par la critique.

Gustave Flaubert fut élève au Collège Royal, aujourd'hui devenu lycée Corneille, pendant toute sa scolarité, avant d'être renvoyé et de passer seul son baccalauréat en 1840. Dans *Madame Bovary,* c'est aussi là que le jeune Charles fait ses études :

« Charles – Bovary – fut définitivement envoyé au Collège de Rouen où son père l'amena lui-même, vers la fin d'octobre, à l'époque de la foire Saint-Romain. Il avait pour correspondant un quincaillier en gros de la rue Ganterie, qui le faisait sortir une fois par mois, le dimanche, après que sa boutique était fermée, l'envoyait sur le port à regarder les bateaux, puis le ramenait au collège dès sept heures, avant le souper. »

« La compagnie, les mets, tout lui plaisait. La salle, telle qu'un parloir moyen âge, était tendue de cuir battu ; une étagère hollandaise se dressait devant un râtelier de chibouques ; et, autour de la table, les verres de Bohême, diversement colorés faisaient au milieu des fleurs et des fruits comme une illumination dans un jardin.
Il eut à choisir entre dix espèces de moutarde. Il mangea du daspachio, du cari, du gingembre, des merles de Corse, des lasagnes romaines ; il but des vins extraordinaires, du lip-fraoli et du tokay ».

Ravioles à la romaine

Recette imaginée par Alexandre Daligaux, Cancan.

Pour 6 personnes – Préparation : 2 h – Repos : 24 h – Cuisson : 3 min

Pour la pâte à ravioles :
250 g de farine
162 g de jaune d'œuf
5 jaunes d'œufs
20 g de sel
2 cuil. à soupe d'huile d'olive
1 cuil. à café de vinaigre blanc

Ail, thym, laurier
100 g de beurre demi-sel

Pour la farce :
400 g de rumsteak
2 oignons rouges
1 botte de persil plat
50 g de tomates confites
Sel et poivre du moulin

Pour la tuile de parmesan :
200 g de parmesan

Préparez la pâte à raviole. Mélangez tous les ingrédients dans le bol d'un robot. Couvrez d'un film alimentaire et réservez 24h au frais.

Le lendemain, préparez la farce. Taillez le rumsteak en tout petits dés. Émincez les oignons, taillez les tomates très finement, ciselez le persil et mélangez le tout en assaisonnant de sel et de poivre.

Étalez la pâte à raviole très finement à l'aide d'un laminoir. Remplissez-la de farce et refermez les ravioles, à l'aide d'un cerclage ou du bout des doigts pour lui donner une forme arrondie.

Faites chauffer une poêle à crêpe à sec. Déposez le parmesan râpé en forme de cercle et décollez délicatement dès l'obtention d'une jolie couleur dorée. Laissez refroidir.

Dans une poêle, faites fondre le beurre avec le thym, l'ail et le laurier. Dès que le beurre est moussant, déposez les ravioles. Laissez saisir 1 min sur chaque face en arrosant généreusement de beurre.

Servez à l'assiette avec des chips de parmesan et un tour de moulin à poivre.

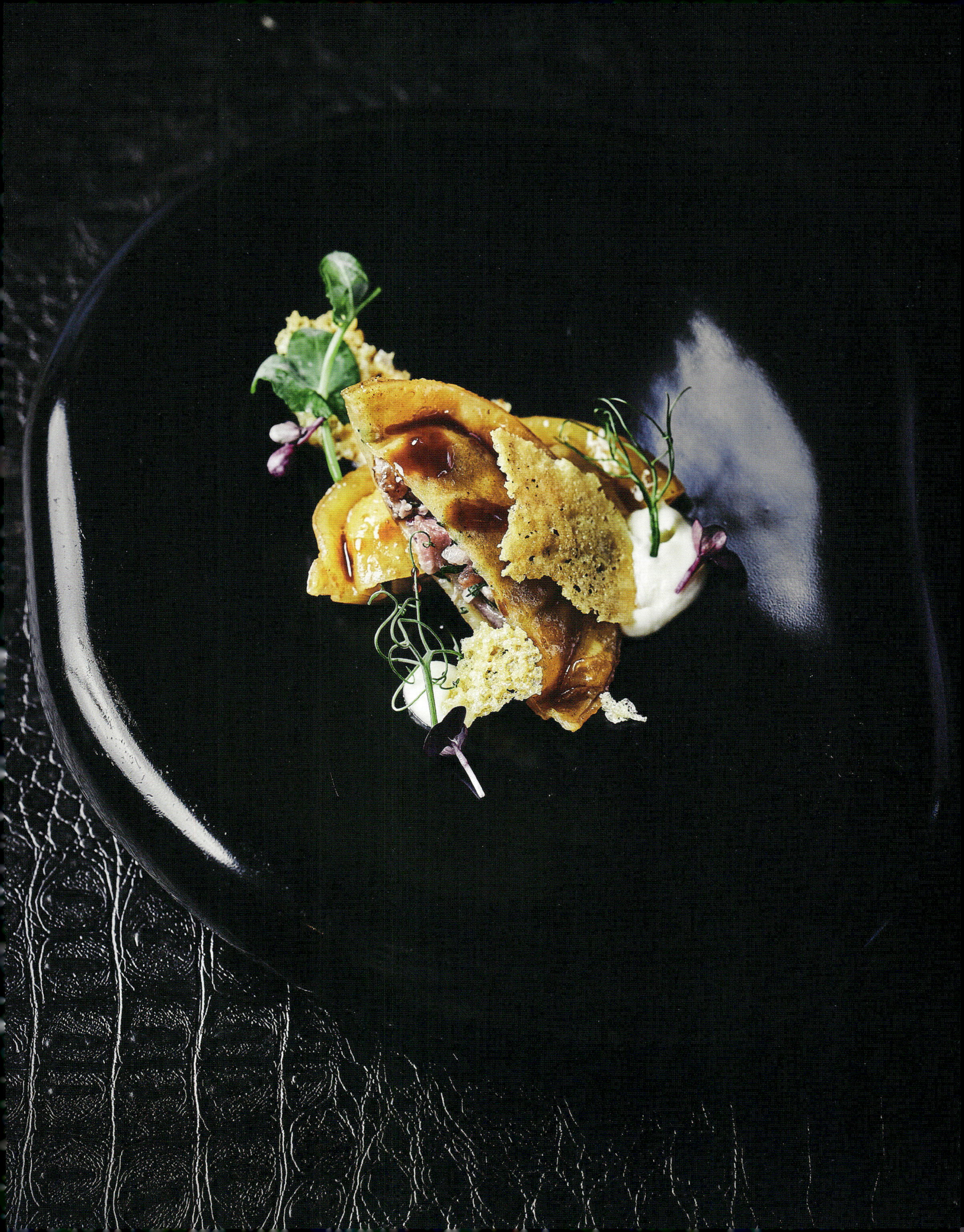

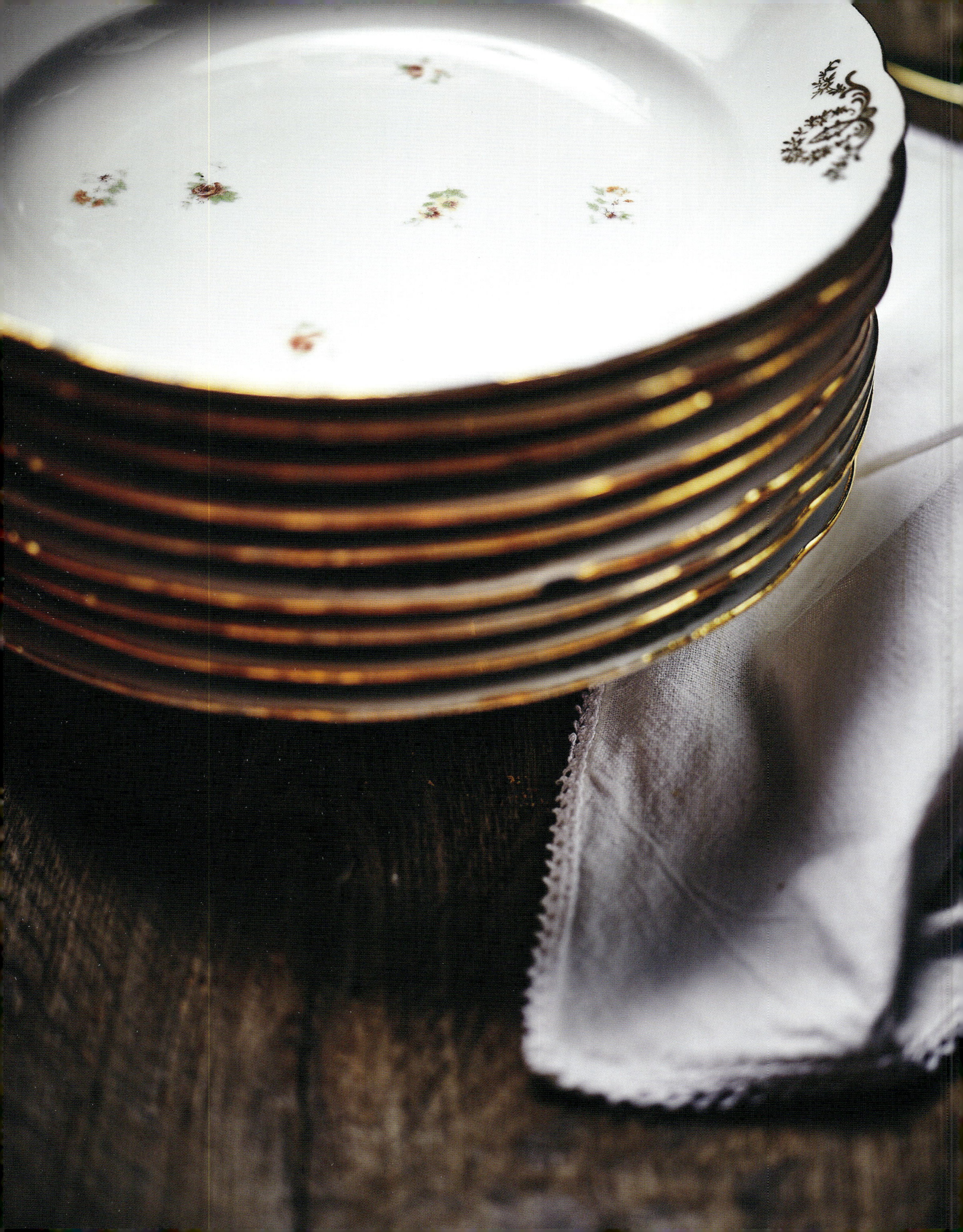

« Un lustre de cuivre à quarante bougies éclairait la salle, dont les murailles disparaissaient sous de vieilles faïences accrochées ; et cette lumière crue, tombant d'aplomb, rendait plus blanc encore, parmi les hors-d'œuvre et les fruits, un gigantesque turbot occupant le milieu de la nappe, bordée par des assiettes pleines de potage à la bisque. »

Estouffade de turbot au muscadet

Recette imaginée par Pascal Hauguel, Grand Dauphin.

Pour 4 personnes – Préparation : 20 min – Cuisson : 30 min

1 turbot de 1,8 à 2 kg en filets
2 échalotes épluchées et hachées
2 poireaux nettoyés et découpés en tronçons
4 carottes épluchées et découpées en petits cubes
½ bouteille de muscadet
3 cuil. à soupe de crème fraîche
100 g de beurre doux
Cerfeuil
Sel et poivre

Faites fondre les échalotes avec 50 g de beurre dans une cocotte en fonte.

Ajoutez les poireaux et laissez fondre. Faites blanchir les carottes 5 min dans une casserole d'eau bouillante salée, égouttez-les et ajoutez-les aux échalotes/poireaux. Déposez sur les légumes les filets de turbot. Laissez cuire 4 à 5 min. Versez le muscadet à hauteur des ingrédients contenus dans la cocotte. Donnez juste un bouillon puis couvrez la cocotte et laissez mijoter 5 min. Retirez du feu. Égouttez les légumes et les filets de turbot.

Tenez l'ensemble au chaud (entre deux assiettes par exemple). Faites réduire le jus de cuisson à sec sur feu vif, ajoutez la crème fraîche et laissez réduire jusqu'à ce que la crème couvre une cuillère sans couler.

Retirez du feu et montez la sauce au fouet en incorporant le beurre restant coupé en morceaux. Au moment de servir, disposez le turbo et les légumes dans un plat, nappez de sauce et saupoudrez de cerfeuil ciselé.

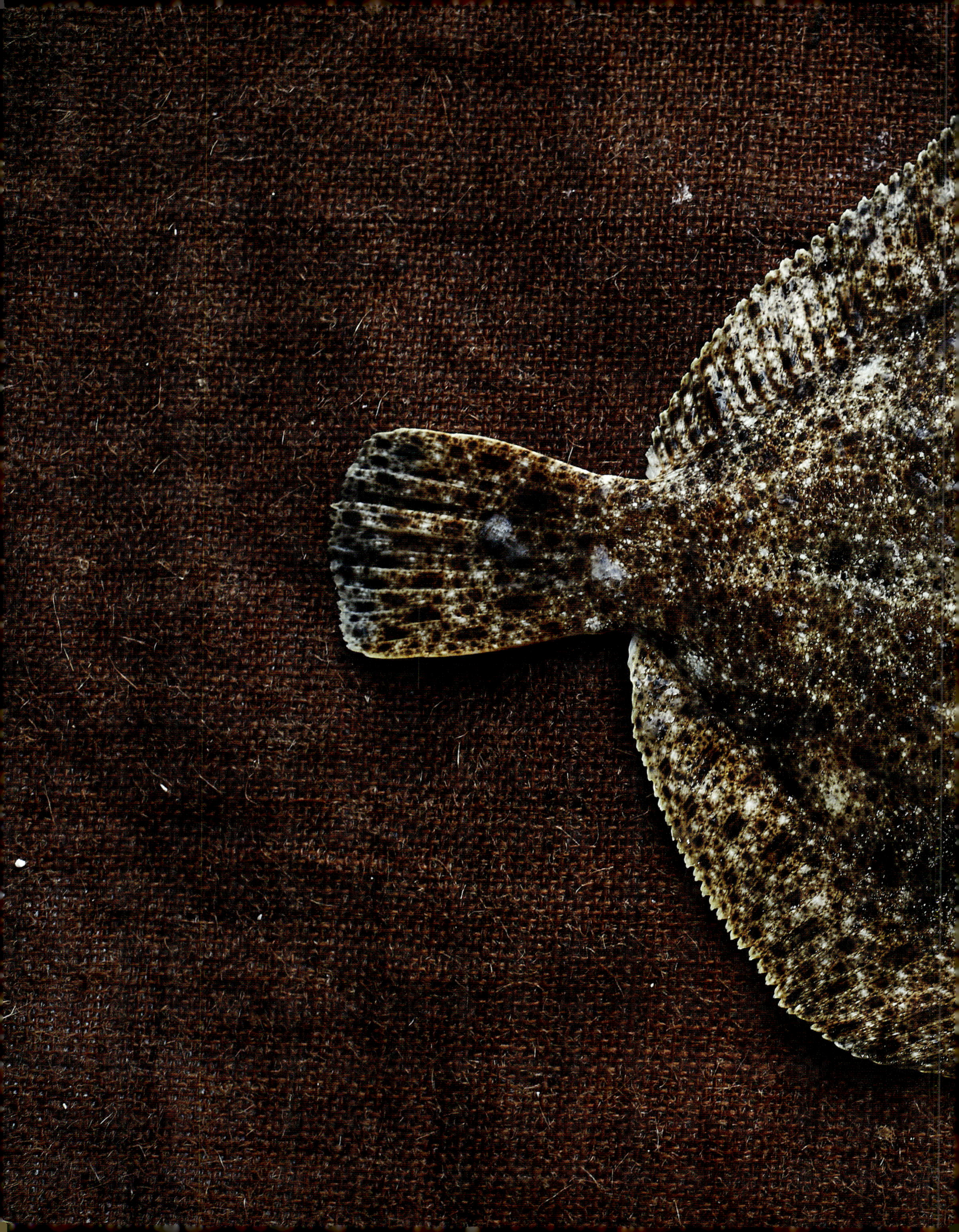

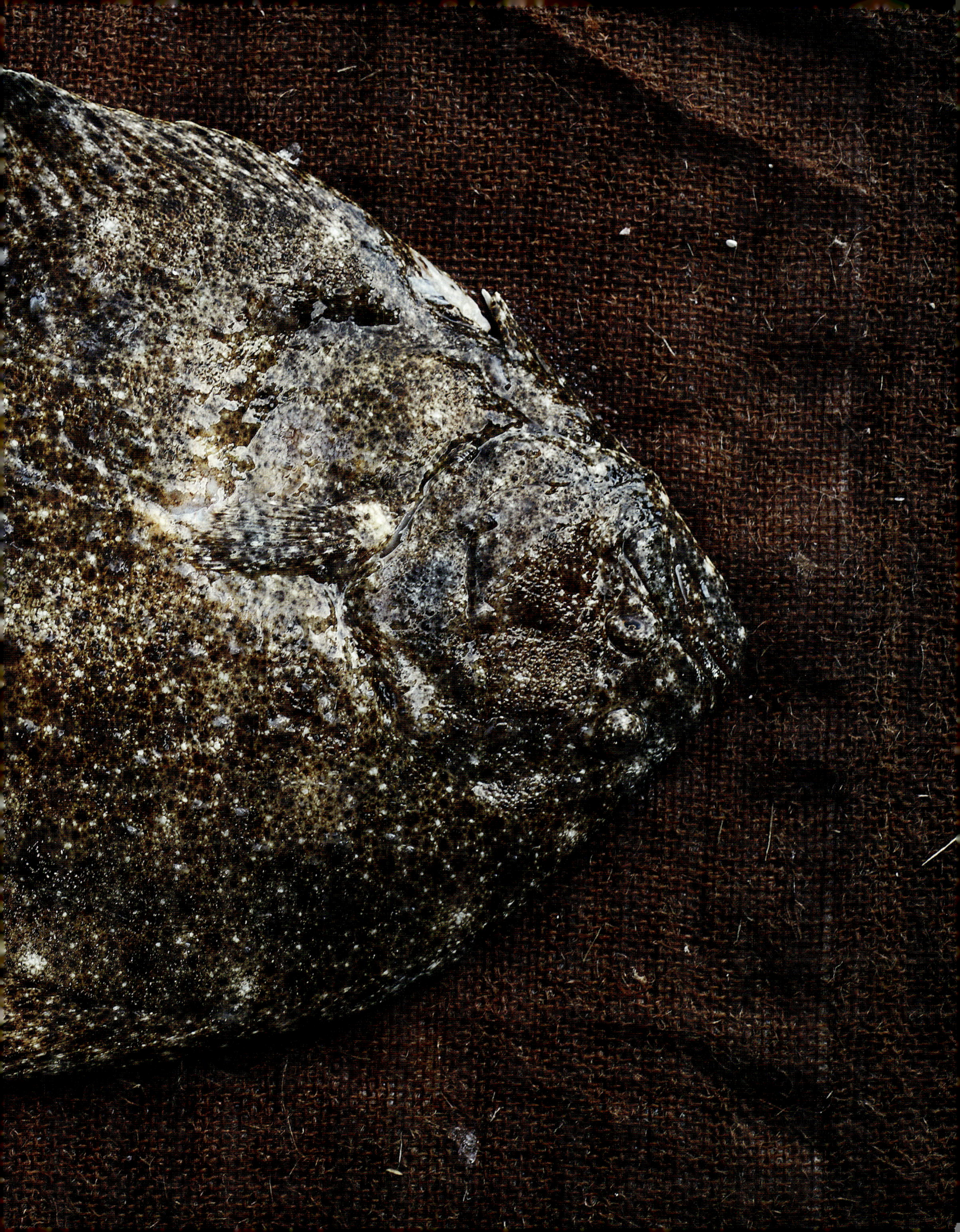

Potage à la bisque de crabe

Recette imaginée par Marc Andrieu, Les Petits Parapluies.

Pour 6 à 8 personnes – Préparation : 30 min – Cuisson : 40 min

2 crabes de 300 à 400 g
2 carottes
2 oignons
10 cl de crème fraîche liquide
100 g de céleri boule
½ tête d'ail
2 branches de thym
4 tomates fraîches
Crème fraîche épaisse
Huile d'olive
Sel et poivre du moulin

Dans une casserole, faites colorer les corps des crabes préalablement ouverts en deux avec un peu d'huile d'olive. Poursuivez la cuisson 5 min.

Ajoutez la garniture aromatique. Faites suer 5 min en mélangeant, réservez les pinces et les pattes. Ajoutez les tomates coupées en cubes et laissez compoter quelques minutes.

Versez 2 litres d'eau et laissez cuire doucement 30 min. Passez au chinois, assaisonnez, mélangez et réservez dans la casserole jusqu'au moment de servir.

Réchauffez-la quelques minutes avec la crème fraîche liquide, et présentez-la en soupière avec des noix de crème fraîche épaisse fouettée et la chair des pinces de crabe.

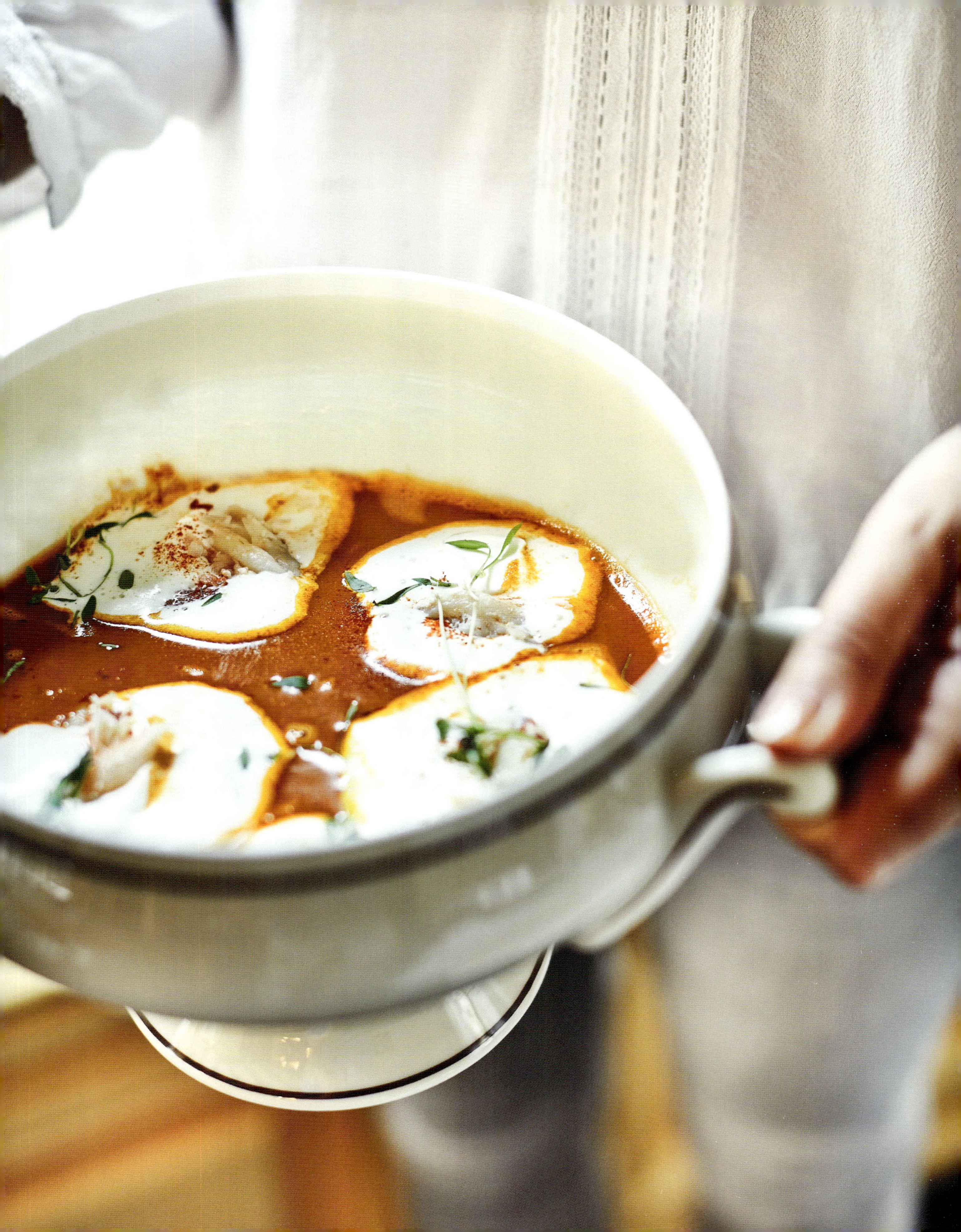

« Le concierge avait disposé sur la table, auprès du feu, des côtelettes, de la galantine, une langouste, un dessert et deux bouteilles de vin de Bordeaux. »

Tarte pommes-noisettes et pommes caramel

Recette imaginée par Benoît Vatelier, Maison Vatelier.

Pour 8 personnes – Préparation : 30 min – Repos : 1 h 10 – Cuisson : 35 à 40 min

Pour la pâte Streusel :
500 g de beurre doux
240 g de sucre cristal
2 g de sel
670 g de farine pâtissière
15 g de levure sèche

Pour la crème d'amandes-noisettes :
250 g de beurre doux
250 g de sucre cristal
125 g de poudre d'amandes
125 g de noisettes torréfiées concassées
25 g de farine
5 g de vanille
1,5 cl de Manzana
4 œufs

Pour les pommes caramel :
1 kg de pommes
300 g de sucre
1 gousse de vanille

Sucre glace
1 cuil. à soupe de noisettes concassées

Préparez la pâte Streusel. Faites blanchir le beurre et le sucre en fouettant. Ajoutez les ingrédients restants puis mélangez jusqu'à l'obtention d'une pâte. Réservez au frais 1 h puis étalez.

Préparez la crème d'amandes. Faites blanchir le beurre et le sucre. Ajoutez les autres ingrédients en terminant par les œufs. Mélangez progressivement.

Épluchez et coupez les pommes en gros quartiers. Réalisez un caramel avec le sucre et la gousse de vanille grattée. Laissez bien colorer. Plongez les pommes dans le caramel et laissez cuire 5 min environ. Retirez du feu et laissez macérer 10 min puis égouttez les pommes.

Foncez la pâte Streusel. Ajoutez la crème d'amandes-noisettes puis les quartiers de pommes. Enfournez 30 à 35 min à 180°C (th. 6).

Saupoudrez de sucre glace et décorez de quelques noisettes concassées.

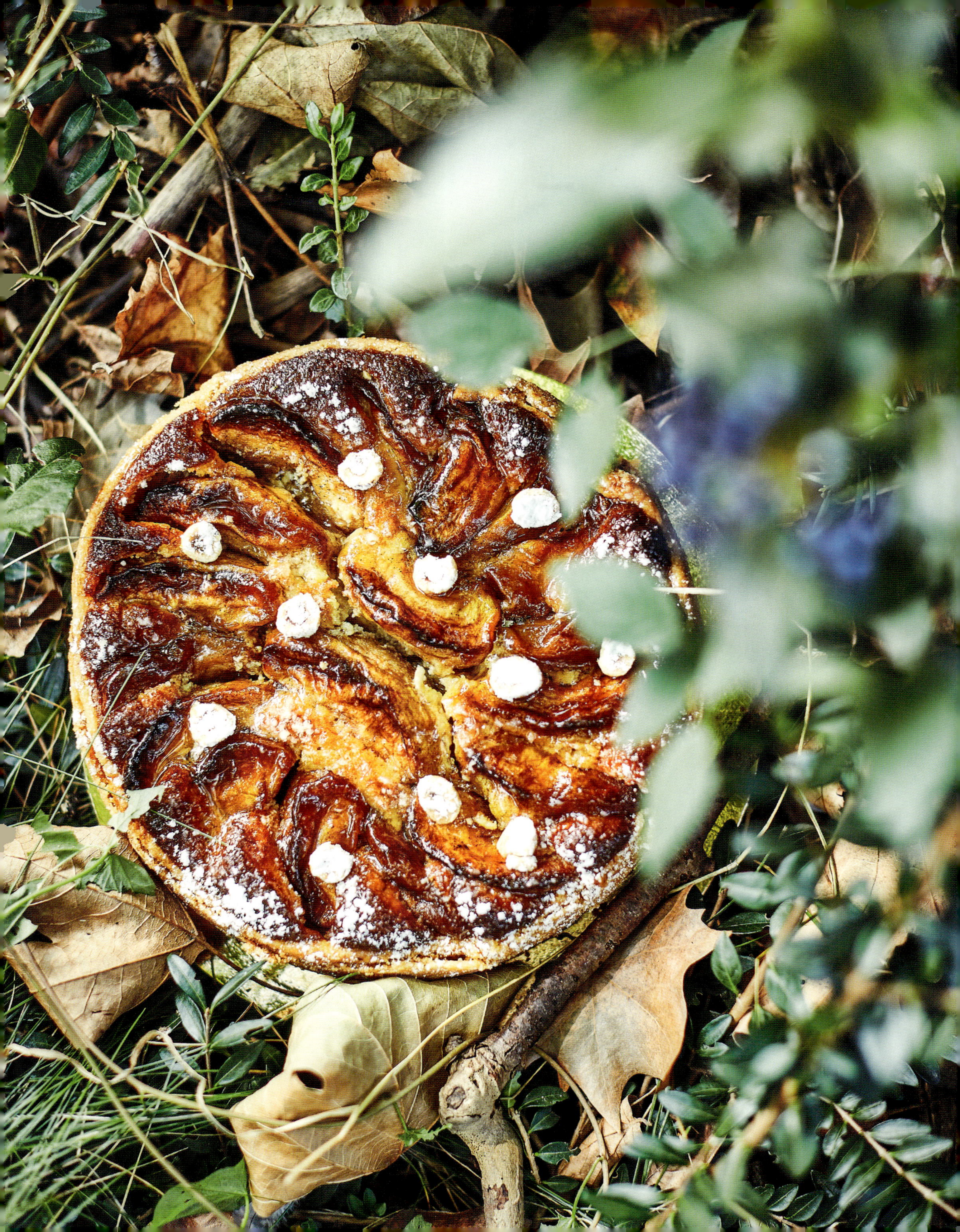

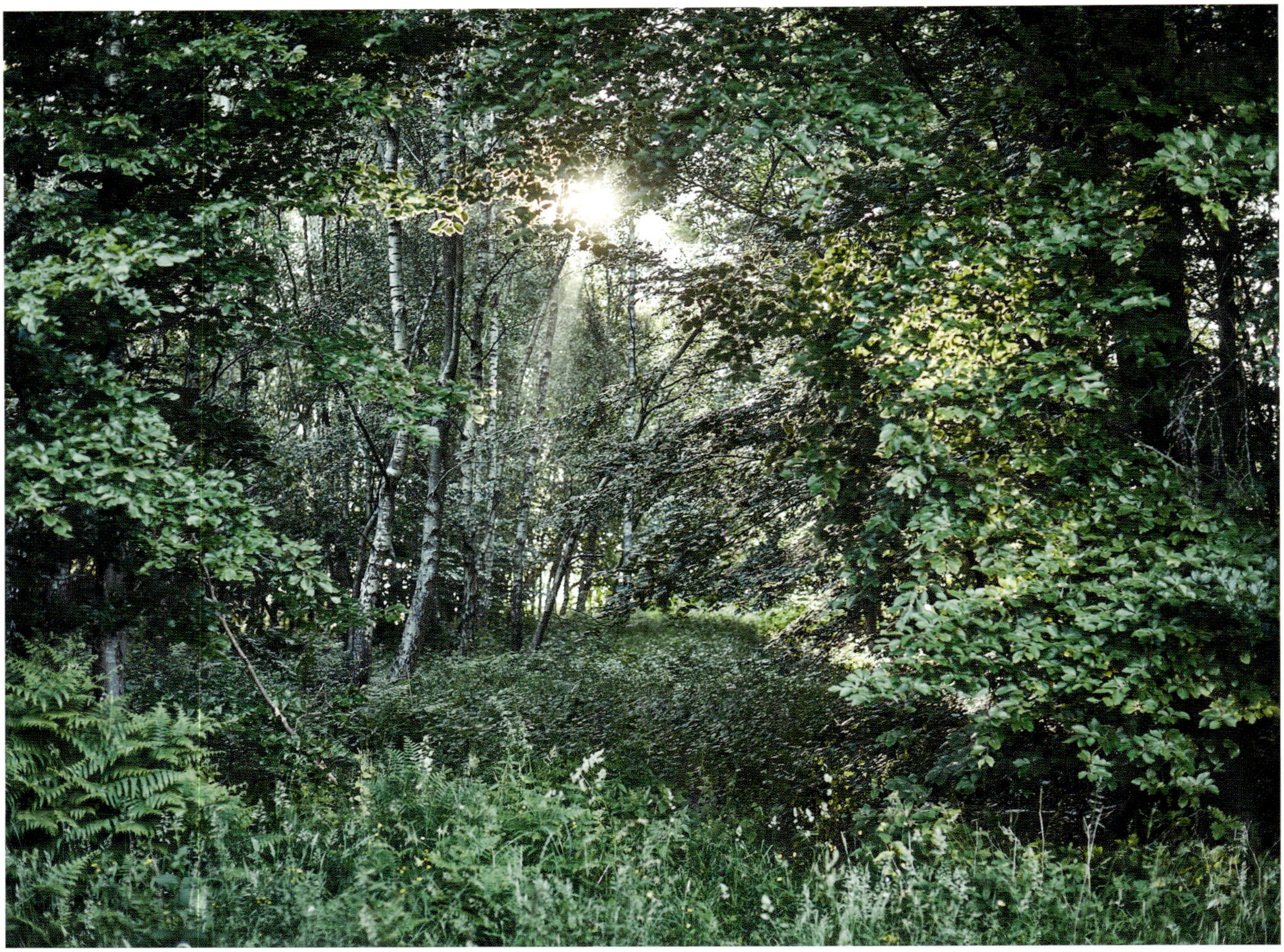

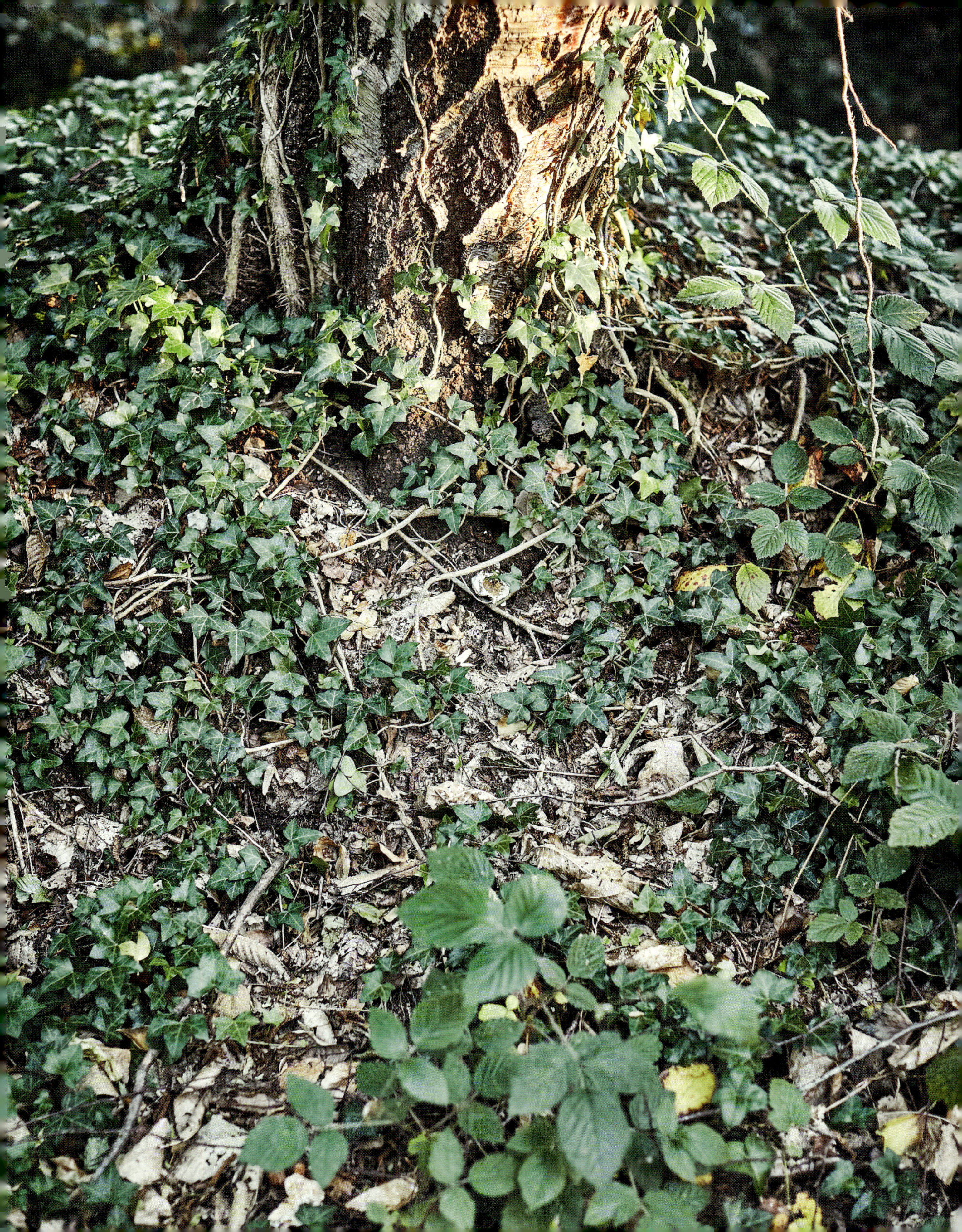

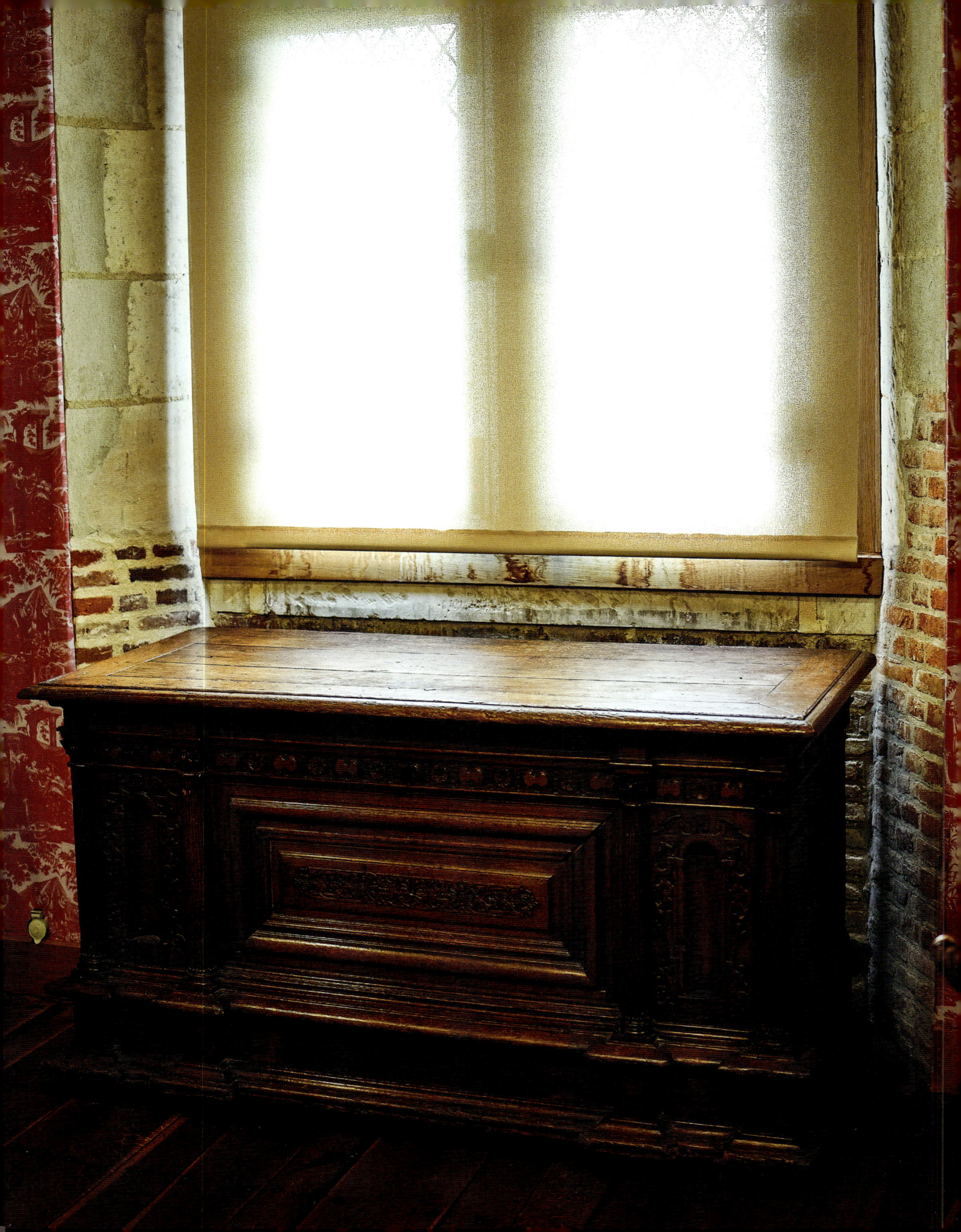

« Sous les feuilles vertes d'un ananas, au milieu de la nappe, une dorade s'allongeait, le museau tendu vers un quartier de chevreuil et touchant de sa queue un buisson d'écrevisses. Des figues, des cerises énormes, des poires et des raisins (primeurs de la culture parisienne) montaient en pyramides dans des corbeilles de vieux saxe ; une touffe de fleurs, par intervalles, se mêlait aux claires argenteries : les stores de soie blanche abaissés devant les fenêtres emplissaient l'appartement d'une lumière douce ; il était rafraîchi par deux fontaines où il y avait des morceaux de glace ; et de grands domestiques en culotte courte servaient. »

La Tentation de saint Antoine

Née de la rencontre avec un tableau de Bruegel et du souvenir des spectacles forains de la foire Saint-Romain à Rouen, *La Tentation de saint Antoine* résume la diablerie romantique, ses monstres, ses obsessions, ses ténèbres. « Œuvre de toute ma vie » disait Flaubert, elle est aussi « le cabinet secret de son esprit » selon Baudelaire qui voulait « surtout attirer l'attention du lecteur sur cette faculté souffrante, souterraine et révoltée, qui traverse toute l'œuvre, ce filon ténébreux qui illumine et qui sert de guide à travers ce capharnaüm pandémoniaque de la solitude. »

Claudine Gothot-Mersch

Très jeune, Flaubert devint un spectateur assidu de la foire Saint-Romain qui se tient alors place du Boulingrin. Les théâtres de marionnettes et les exhibitions de monstres, surtout, le fascinent. Si certains voient dans ces spectacles une origine possible de *La Tentation de saint Antoine*, il est sûr que la foire alimenta l'imaginaire du jeune Gustave. Plus tard, Flaubert continua à en faire un lieu de promenade privilégié, y emmenant sa nièce et George Sand.

« Mes entrailles se tordent. Où est le pain ?
Après avoir cherché longtemps, il ramasse une croûte moins grosse qu'un œuf.
Comment ? Les chacals l'auront pris ? Ah, malédiction !
Et, de fureur, il jette le pain par terre.
À peine ce geste est-il fait qu'une table est là, couverte de toutes les choses bonnes à manger.
La nappe de byssus, striée comme les bandelettes des sphinx, produit d'elle-même des ondulations lumineuses. Il y a dessus d'énormes quartiers de viandes rouges, de grands poissons, des oiseaux avec leurs plumes, des quadrupèdes avec leurs poils, des fruits d'une coloration presque humaine ; et des morceaux de glace blanche et des buires de cristal violet se renvoient des feux. »

Claude Monet
Nature morte au faisan, vers 1861
Rouen, Musée des Beaux-Arts / Réunion des Musées Métropolitains.
© Bridgeman Image

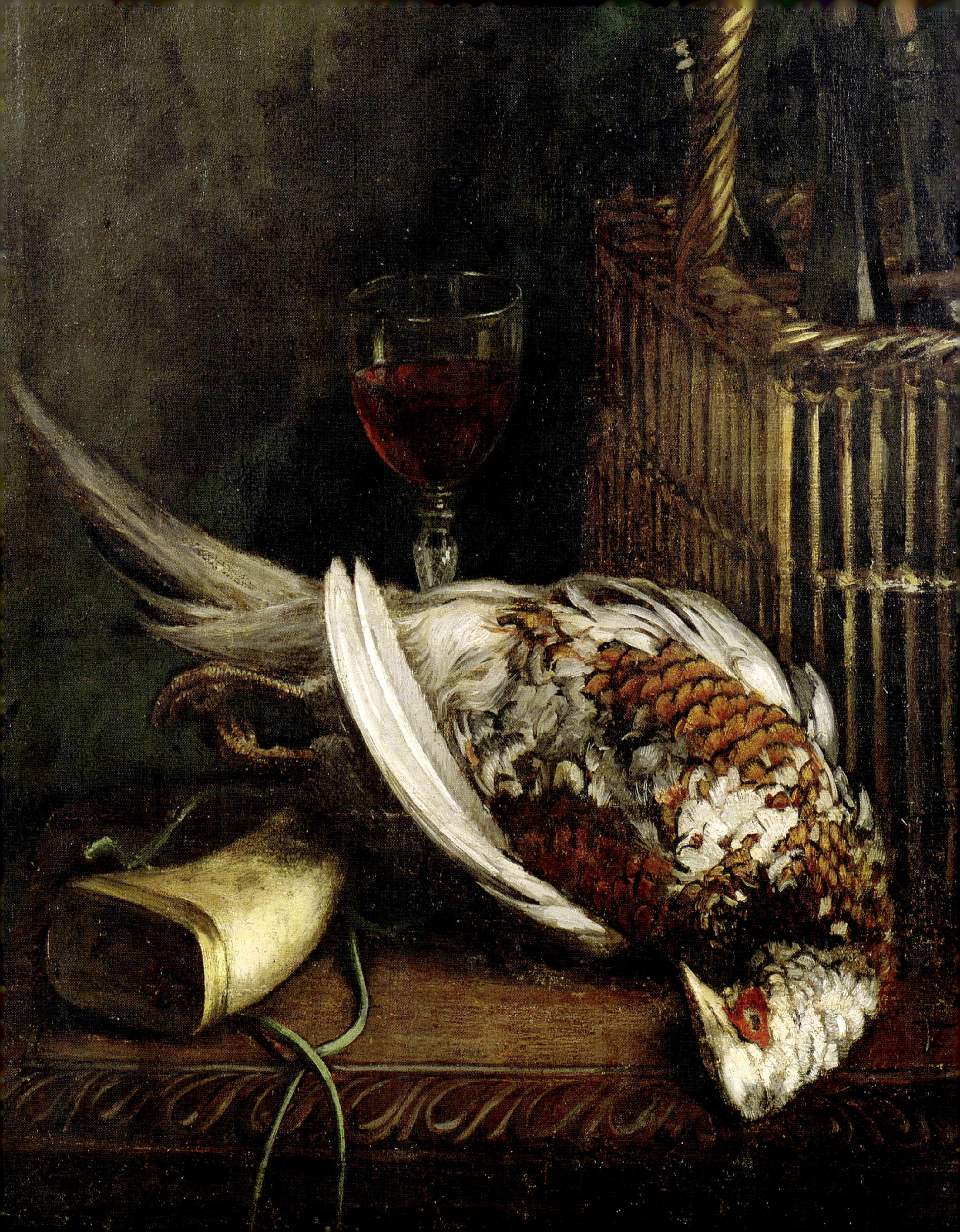

Filet d'oie farci aux girolles, polenta et sauce pruneaux

Recette imaginée par Vincent Taillefer, La Couronne.

Pour 4 personnes – Préparation : 40 min – Cuisson : 40 min – Repos : 25 min

2 filets d'oie
4 escalopes de foie gras
Beurre

Pour la farce :
100 g de blancs de volaille
20 g de blancs d'œufs
5 cl de crème fraîche liquide
200 g de girolles
25 cl d'huile d'olive
30 g de beurre
1 gousse d'ail
15 g d'échalote

Pour la polenta :
100 g de polenta
30 cl de lait entier
30 g de crème fraîche entière
20 g de parmesan

Pour la sauce :
100 g de sucre
20 cl de vinaigre blanc
4 pruneaux
1 cuil. à soupe de fond de veau
Sel et poivre du moulin

Préparez les girolles. Nettoyez-les. Faites chauffer une poêle avec l'huile d'olive puis ajoutez les girolles et laissez cuire à couvert 5 min. Égouttez-les pendant 15 min. Faites-les revenir ensuite au beurre en ajoutant la gousse d'ail épluchée et écrasée et l'échalote.

Préparez la farce. Passez au hachoir la volaille. Mixez finement. Ajoutez les blancs d'œufs, mixez de nouveau et incorporez la crème. Terminez par les girolles. Mélangez délicatement. Réservez au frais.

Coupez en deux les filets d'oie puis farcissez-les et roulez-les. Fixez l'ensemble avec des cure-dents pour qu'ils se tiennent pendant la cuisson. Faites-les poêler sur tous les côtés à feu vif, avec une noix de beurre, puis enfournez à 210°C (th. 7) pendant 8 min environ. Laissez reposer 10 min avant de trancher en deux parties.

Préparez la polenta. Versez-la dans le lait bouillant et laissez cuire 4 min. Hors du feu, ajoutez la crème et le parmesan. Débarrassez sur une plaque sur 3 cm d'épaisseur. Tassez bien et réservez au frais. Quand elle est bien refroidie, découpez-la en triangle et faites colorer dans une poêle avec un peu de beurre.

Faites cuire le sucre et le vinaigre dans une casserole. Ajoutez les pruneaux coupés en morceaux et le fond de veau. Laissez réduire de moitié. Mixez, salez, poivrez.

Dans une poêle très chaude, faites un aller-retour des escalopes de foie gras, préalablement assaisonnées. Comptez 30 sec de chaque côté.

Dressez à l'assiette les tronçons d'oie farcis, accompagnés de morceaux de polenta juste dorés à la poêle, quelques girolles et des morceaux de foie gras poêlés.

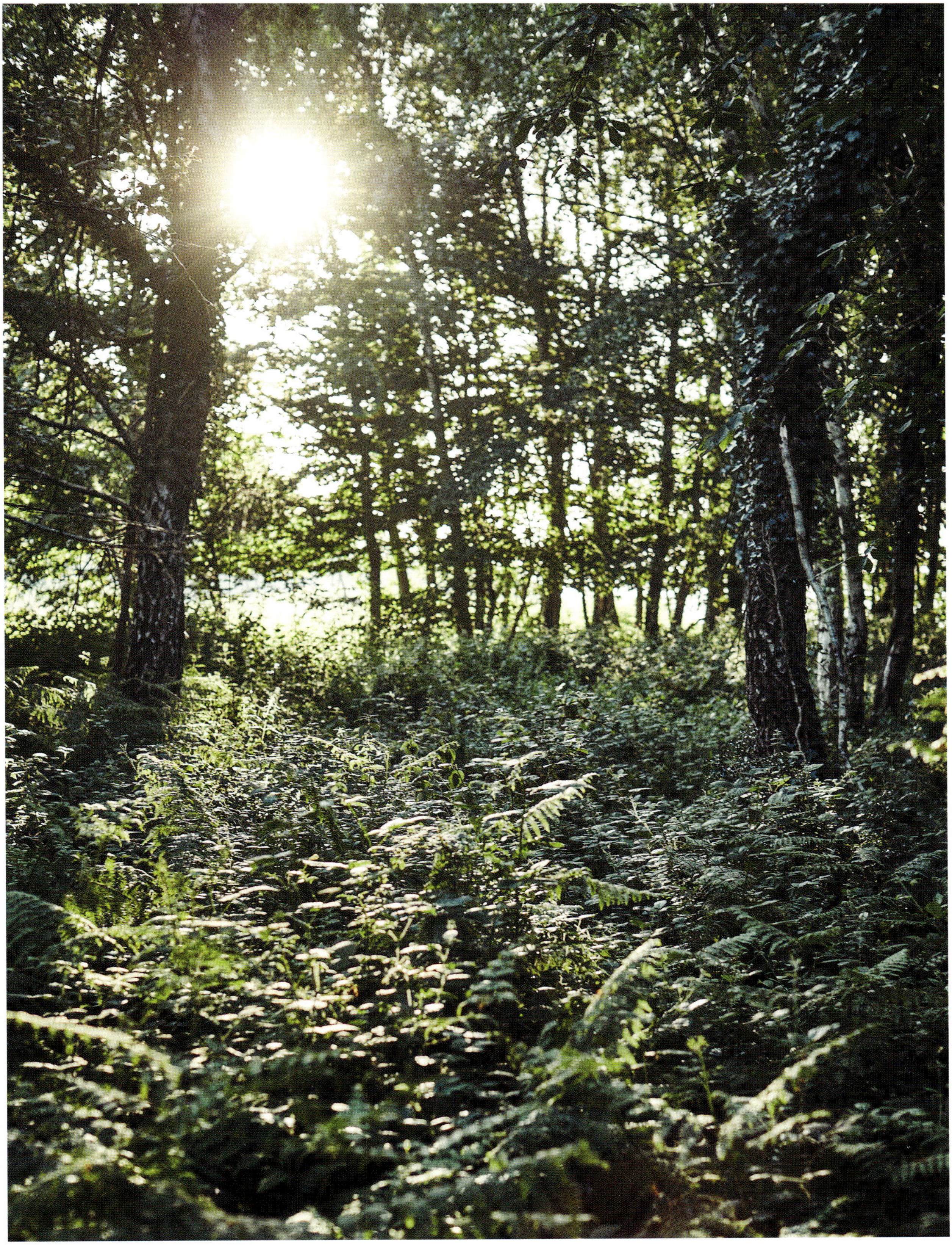

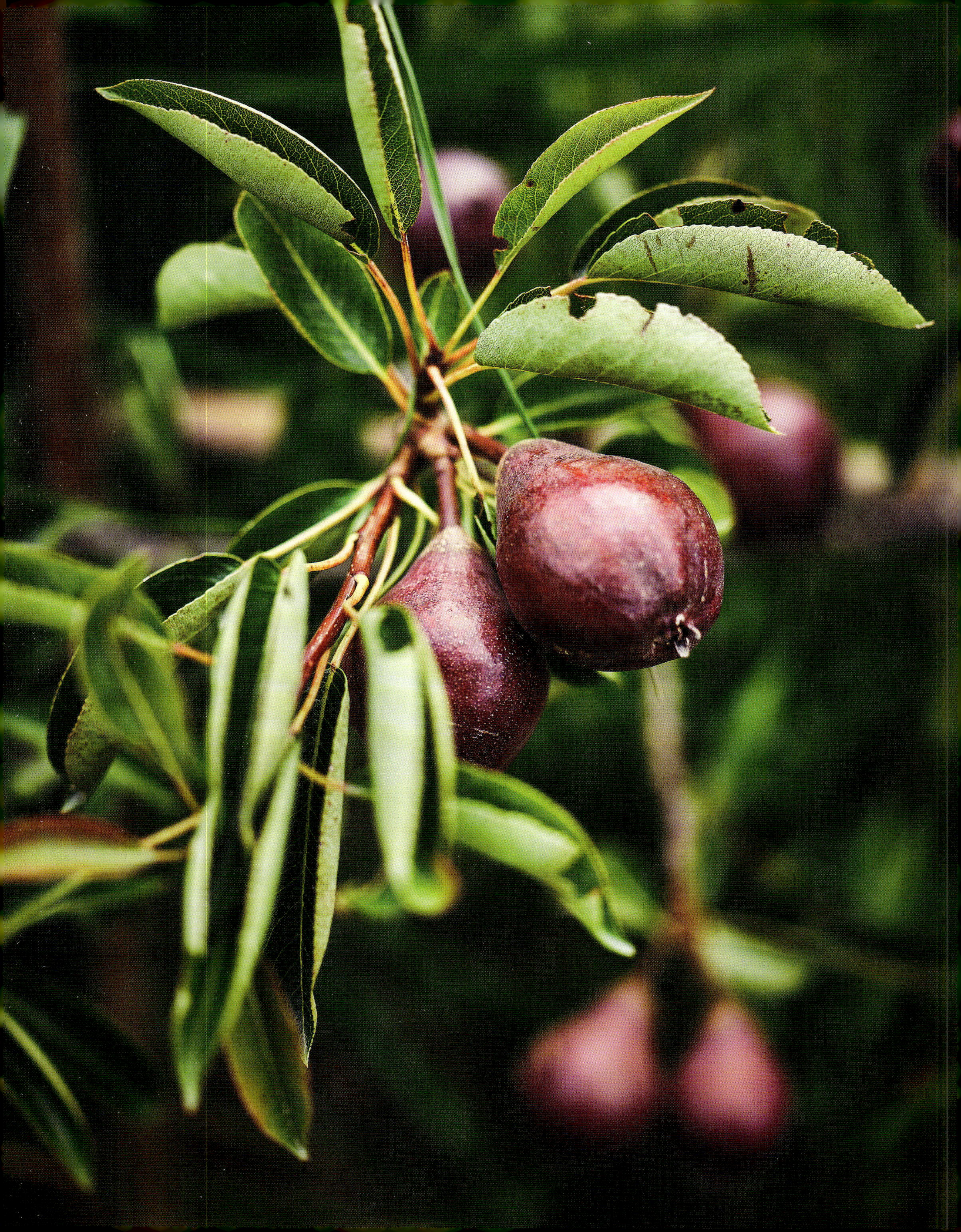

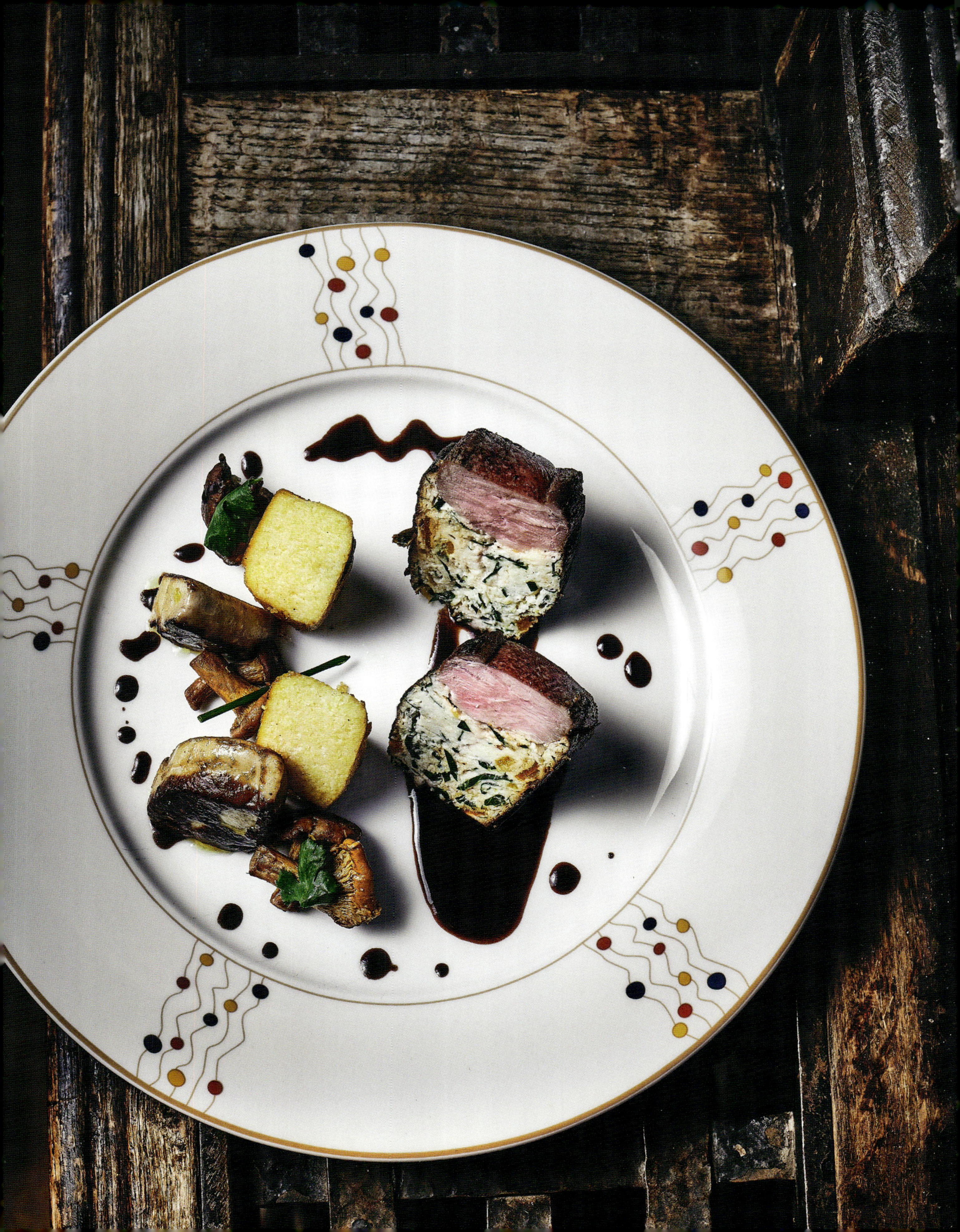

« C'est d'avoir trop jeûné ! Mes forces s'en vont. Si je mangeais... une fois seulement, un morceau de viande. Ah ! de la chair rouge... une grappe de raisin qu'on mord ! Du lait caillé qui tremble sur un plat ! »

Yaourt grec aux figues, brioche perdue

Recette imaginée par Philippe Molinier, Chez Philippe.

Pour 4 personnes – Préparation : 10 min – Cuisson : 5 min

Yaourt grec 10% de MG
4 figues fraîches
4 tranches de brioche rassie
1 cuil. à soupe de miel
10 cl de lait entier
2 œufs
2 cuil. à soupe de sucre en poudre
10 g de beurre demi-sel
½ cuil. à café de poudre de cannelle

Préparez la brioche façon pain perdu. Découpez des carrés de brioche (2 par personne). Battez les œufs avec le lait et le sucre dans une assiette creuse. Trempez les carrés de brioche dans la préparation. Saisissez-les à la poêle avec le beurre jusqu'à ce qu'ils soient bien colorés. Présentez à l'assiette avec le yaourt grec, un peu de miel, une figue découpée en quartiers et saupoudrez le tout d'un soupçon de cannelle.

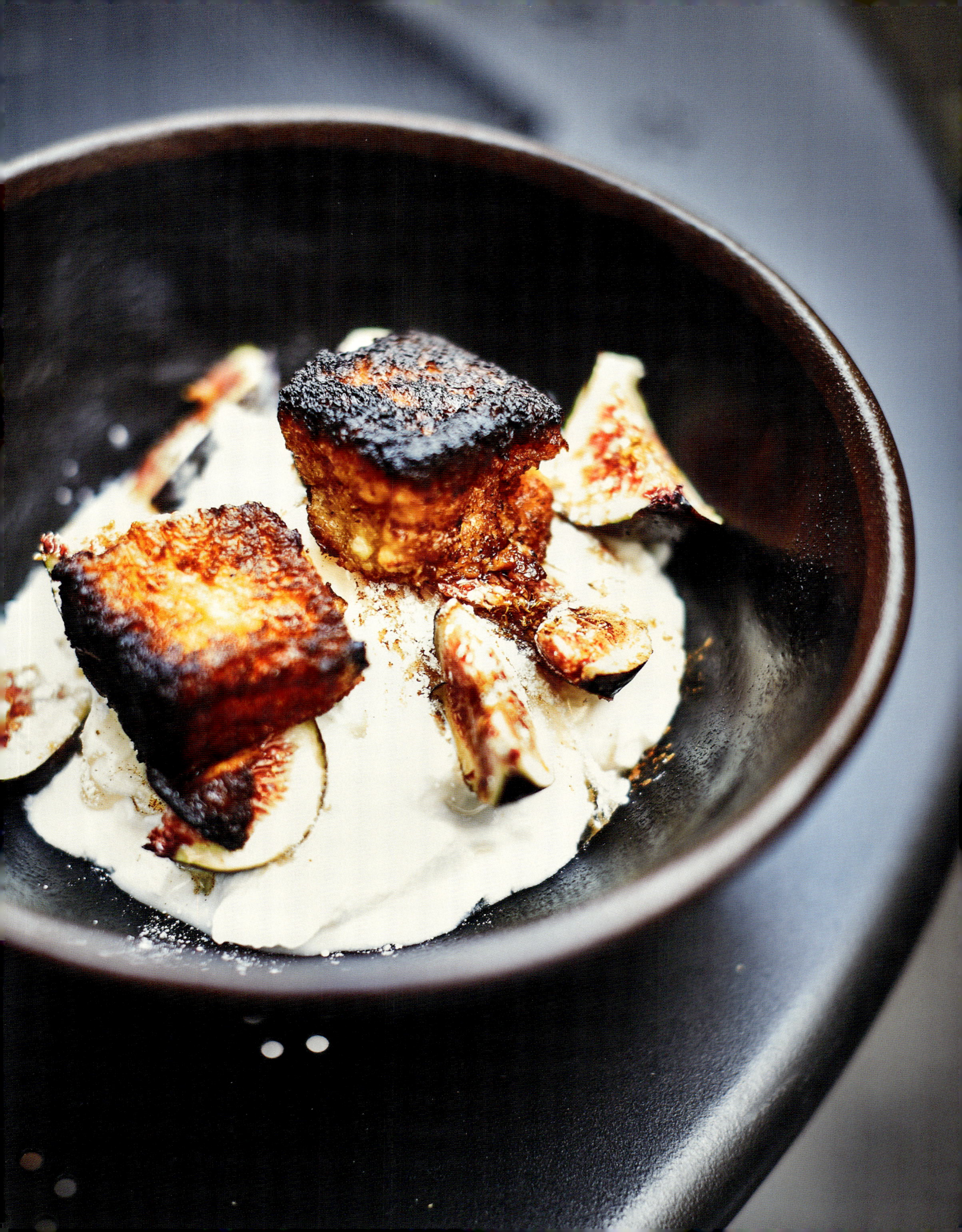

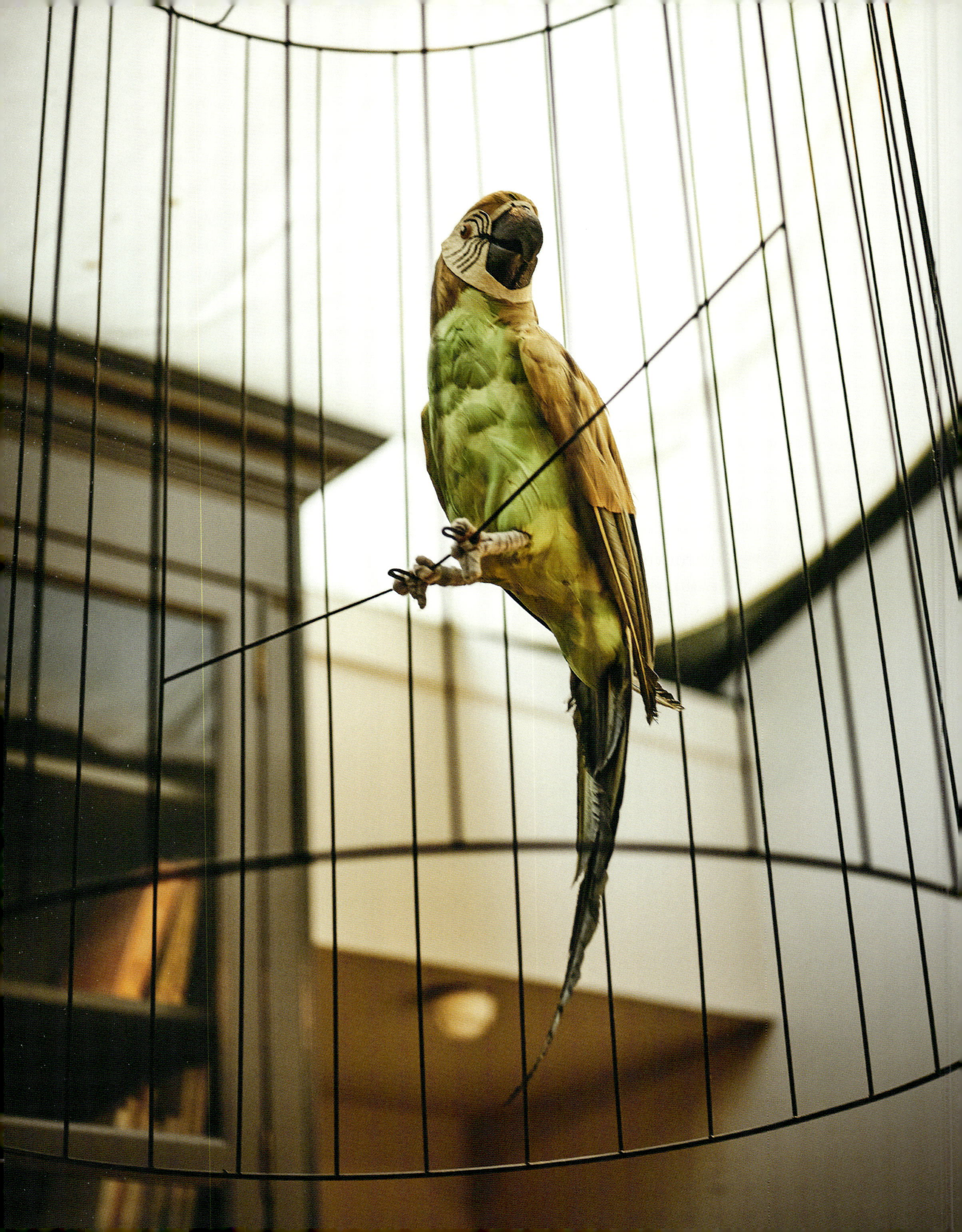

Un cœur simple

Publié en 1877, *Un cœur simple*, est la première nouvelle de Gustave Flaubert parue dans le livre *Trois Contes*. Dans ce texte, l'auteur réinvestit nombre de ses souvenirs d'enfance et personnes qu'il a connues. Il prend pour modèle « Mademoiselle Julie », la servante de ses parents qui l'éleva avant de passer à son service durant plus de cinquante ans jusqu'à sa mort, pour composer le personnage de Félicité.

Où se trouve le vrai modèle du perroquet d'Amazonie utilisé par Flaubert pour écrire *Un cœur simple*, le premier de *Trois Contes* ? Ce qui est sûr, c'est que l'original lui a été prêté par le Museum d'Histoire Naturelle qu'il a ensuite restitué.

« Elle se levait dès l'aube, pour ne pas manquer la messe, et travaillait jusqu'au soir sans interruption ; puis, le dîner étant fini, la vaisselle en ordre et la porte bien close, elle enfouissait la bûche sous les cendres et s'endormait devant l'âtre, son rosaire à la main. Personne, dans les marchandages, ne montrait plus d'entêtement. Quant à la propreté, le poli de ses casseroles faisait le désespoir des autres servantes. Économe, elle mangeait avec lenteur, et recueillait du doigt sur la table les miettes de son pain, – un pain de douze livres, cuit exprès pour elle, et qui durait vingt jours. »

« Enfin, un jour, une vieille tapissière s'arrêta devant la porte ; et il en descendit une religieuse qui venait chercher Mademoiselle. Félicité monta les bagages sur l'impériale, fit des recommandations au cocher, et plaça dans le coffre six pots de confiture et une douzaine de poires, avec un bouquet de violettes. »

Recettes imaginées par Christophe Cressent, MOF, Ma Boulangerie.

Confiture d'oranges

Pour 4 pots de confiture
Préparation : 15 min
Cuisson : 20 min

1 kg d'oranges bio
800 g de sucre semoule
1 jus de citron
½ gousse de vanille

Coupez les oranges en 4. Faites-les blanchir 3 fois à l'eau bouillante. Elles doivent pouvoir se déliter. Égouttez-les et broyez-les plus ou moins finement selon votre goût. Ajoutez le sucre, le jus de citron et la vanille puis faites cuire environ 5 min sur feu doux. Vérifiez la consistance. Mettez en pots stérilisés. Étiquetez et datez.

Confiture de framboises

Pour 4 pots de confiture
Préparation : 15 min
Repos : 1 nuit + 3 h
Cuisson : 10 min

1 kg de framboises
600 g de sucre cassonade
1 jus de citron vert et le zeste

Mélangez les framboises avec le sucre et le jus de citron vert. Réservez au frais jusqu'au lendemain.

Portez à ébullition doucement, puis faites cuire 5 min environ. Coupez le feu et laissez refroidir 3 h environ. Redonnez un bouillon sur feu doux. Vérifiez la consistance. Mettez en pots stérilisés.

Étiquetez et datez.

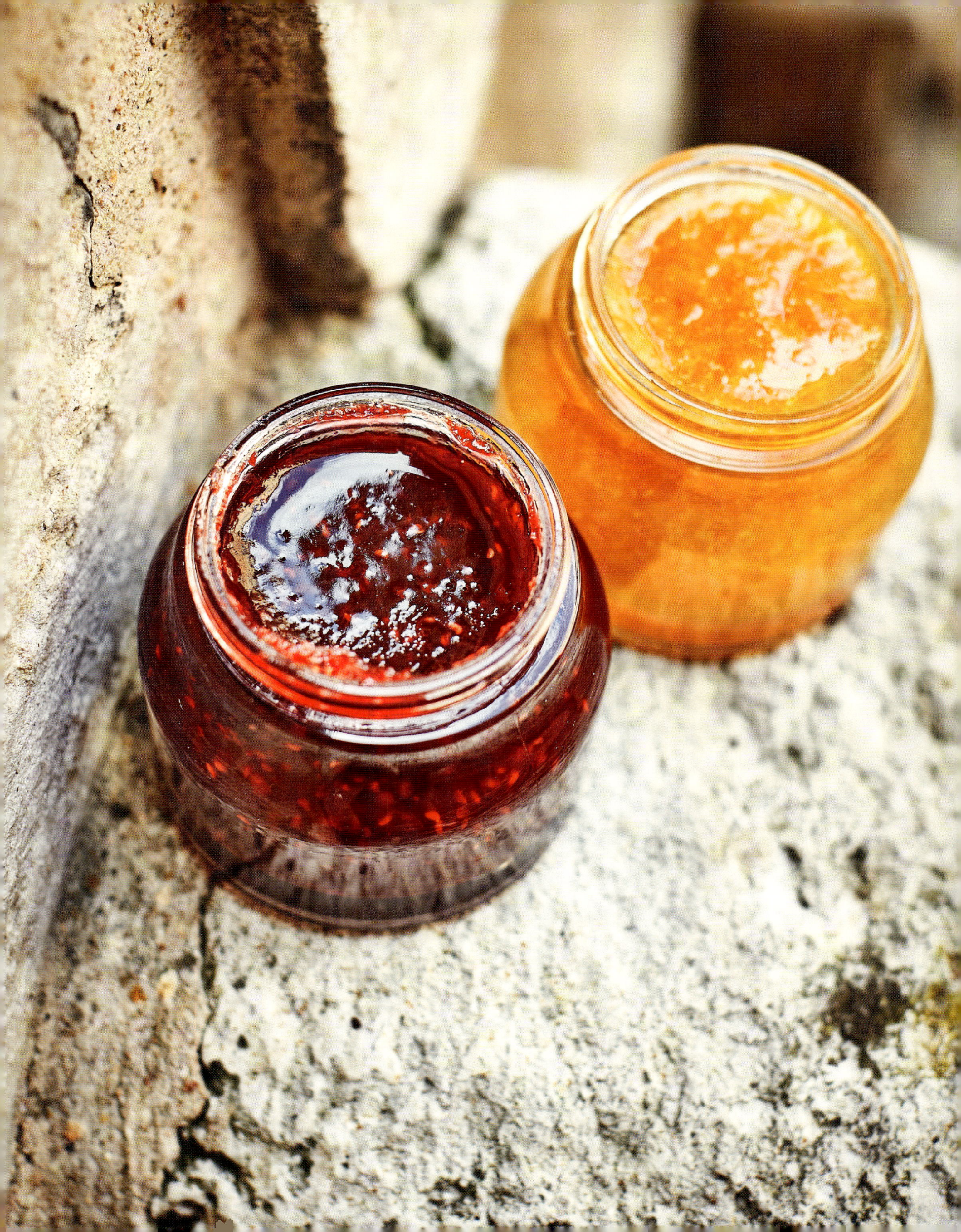

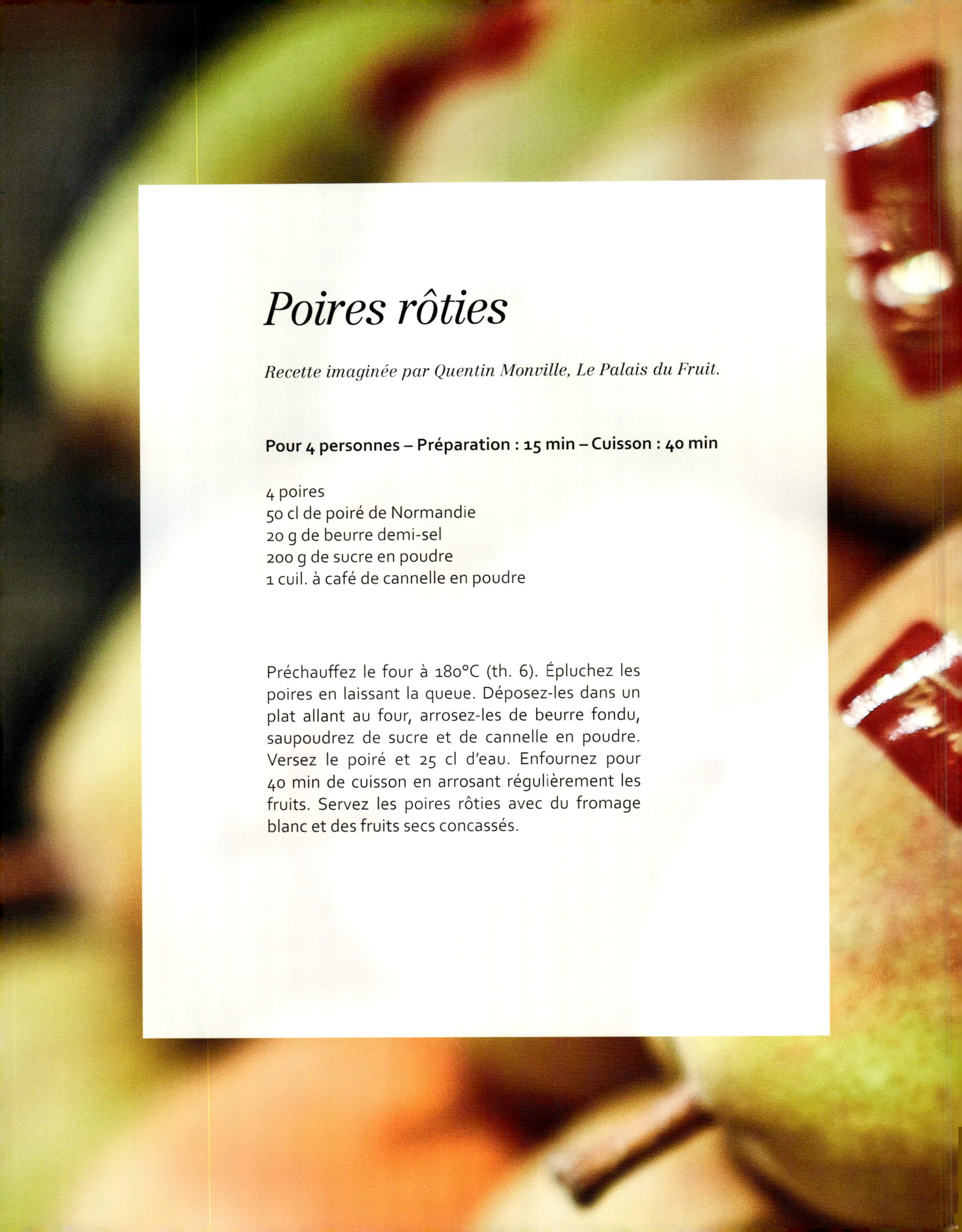

Poires rôties

Recette imaginée par Quentin Monville, Le Palais du Fruit.

Pour 4 personnes – Préparation : 15 min – Cuisson : 40 min

4 poires
50 cl de poiré de Normandie
20 g de beurre demi-sel
200 g de sucre en poudre
1 cuil. à café de cannelle en poudre

Préchauffez le four à 180°C (th. 6). Épluchez les poires en laissant la queue. Déposez-les dans un plat allant au four, arrosez-les de beurre fondu, saupoudrez de sucre et de cannelle en poudre. Versez le poiré et 25 cl d'eau. Enfournez pour 40 min de cuisson en arrosant régulièrement les fruits. Servez les poires rôties avec du fromage blanc et des fruits secs concassés.

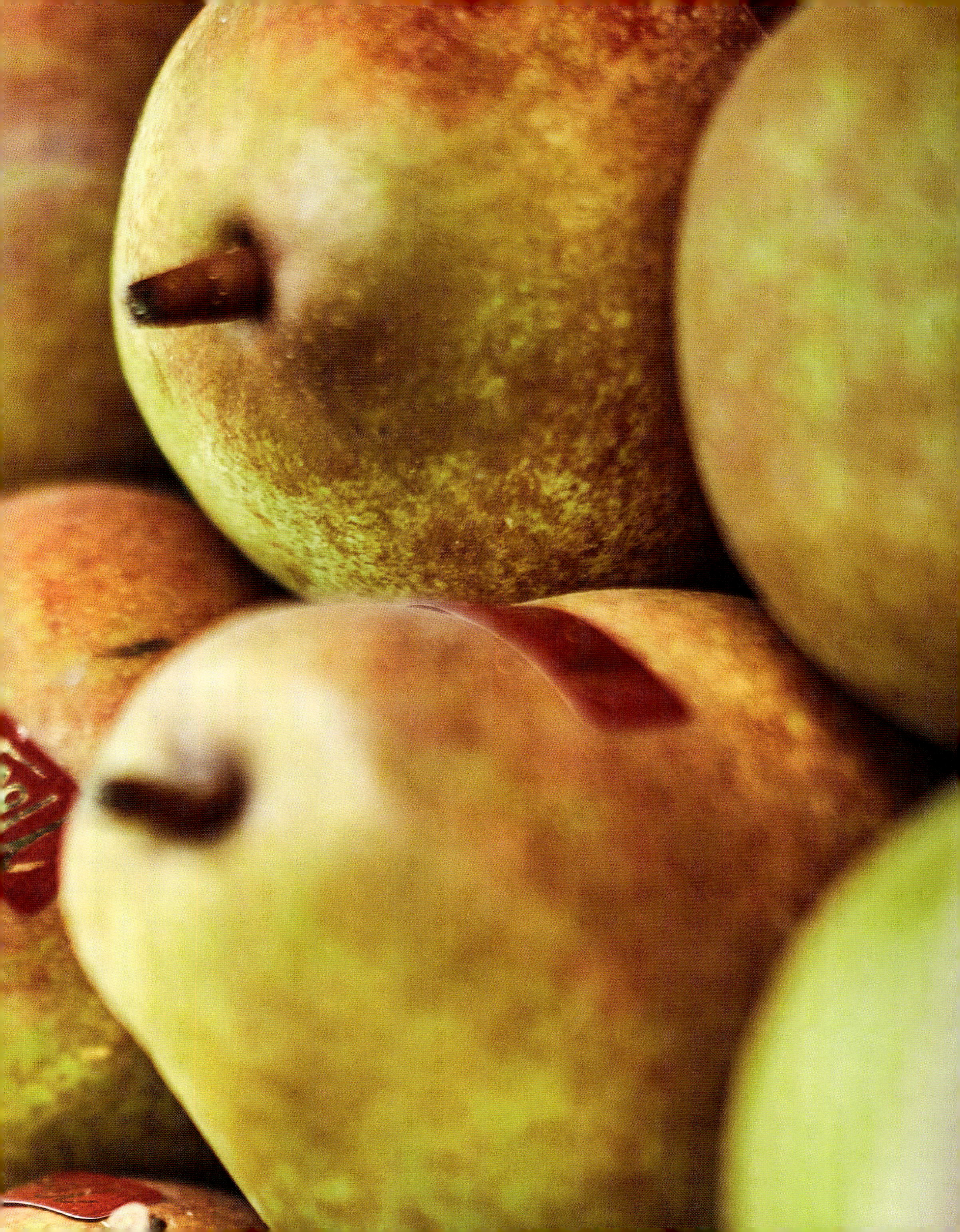

« Victor alla successivement à Morlaix, à Dunkerque et à Brighton ; au retour de chaque voyage, il lui offrait un cadeau. La première fois, ce fut une boîte en coquilles ; la seconde, une tasse à café ; la troisième, un grand bonhomme en pain d'épices. »

« La mère Liébard, en apercevant sa maîtresse, prodigua les démonstrations de joie. Elle lui servit un déjeuner où il y avait un aloyau, des tripes, du boudin, une fricassée de poulet, du cidre mousseux, une tarte aux compotes et des prunes à l'eau-de-vie, accompagnant le tout de politesses à Madame qui paraissait en meilleure santé, à Mademoiselle devenue "magnifique" (...) »

Tripes au calvados

Recette imaginée par Thierry Dhé, Brasserie Paul.

Pour 6 personnes – Préparation : 30 min – Cuisson : 5 h

1,5 kg de tripes de cochon de Bayeux ou porc normand crues blanchies
3 poireaux
3 carottes
2 oignons
1 clou de girofle
3 gousses d'ail
Noix de muscade
Mélange traditionnel de 4 épices
1 bouquet garni
1 l de bouillon de volaille
50 cl de cidre brut du pays de Bray
25 cl de calvados du pays de Bray
Sel et poivre du moulin

Préchauffez le four à 80°C (th. 1/2). Coupez les poireaux et les carottes en rondelles et lavez-les bien. Hachez un oignon et piquez le second avec le clou de girofle. Coupez les tripes en morceaux réguliers. Déposez une couche d'oignons coupés dans un grand plat avec couvercle pouvant aller au four. Déposez une couche de légumes émincés sur les oignons puis une couche de tripes avec l'oignon piqué au clou de girofle et l'ail dégermé en chemise. Réitérez l'opération jusqu'à épuisement des ingrédients en terminant par une couche d'oignons. Ajoutez les épices, le bouquet garni, du sel et du poivre. Mouillez avec le bouillon de volaille, le cidre et le calvados du pays de Bray. Épaississez la préparation avec un peu de farine. Sur feu vif, portez à ébullition. Déposez le couvercle et fermez l'ensemble avec une pâte à sel ou pâte à farine. Enfournez et laissez cuire à 80°C (th. 1/2) pendant 5 h.

Servez bien chaud avec des pommes du pays de Bray et des pommes de terre du pays de Caux.

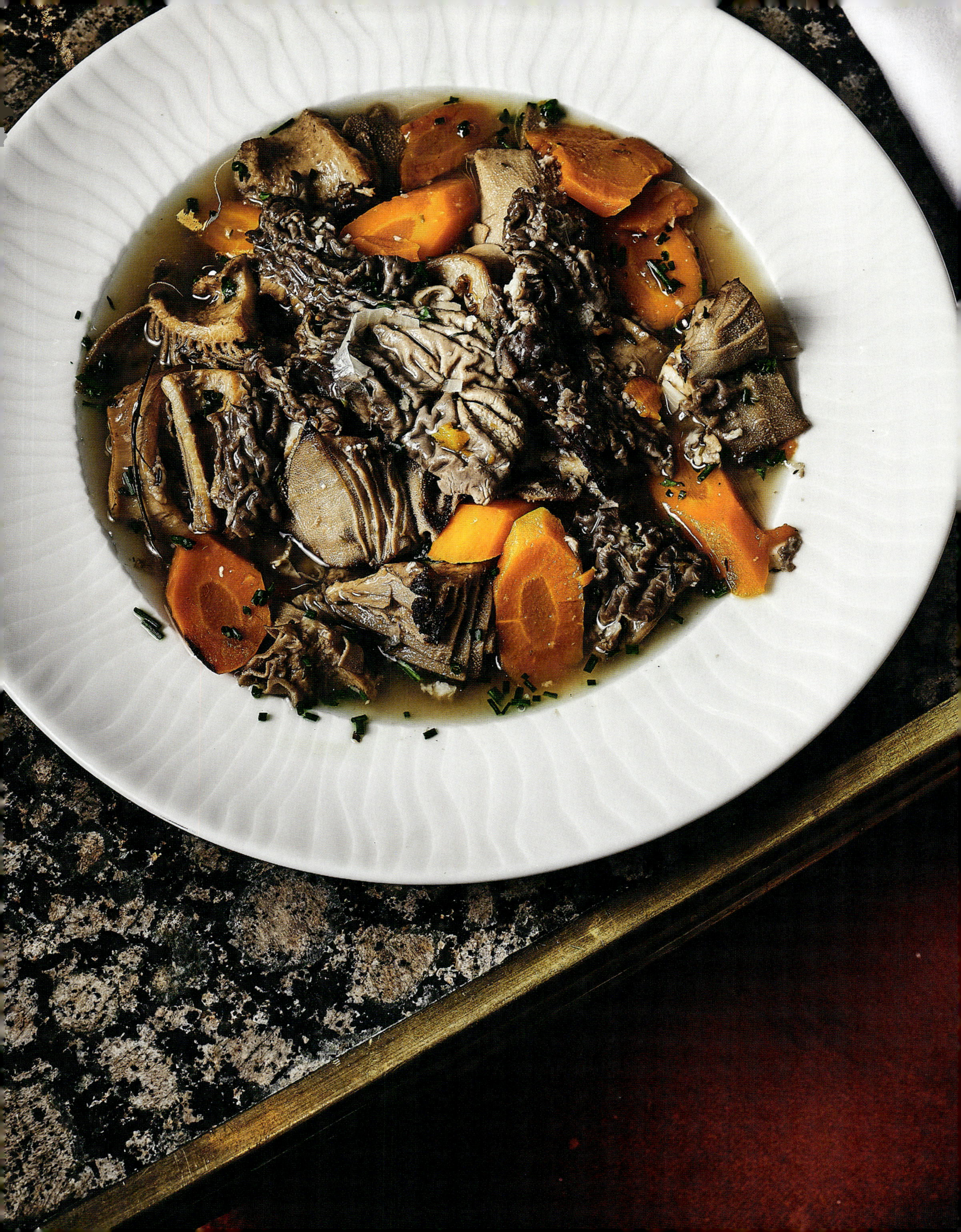

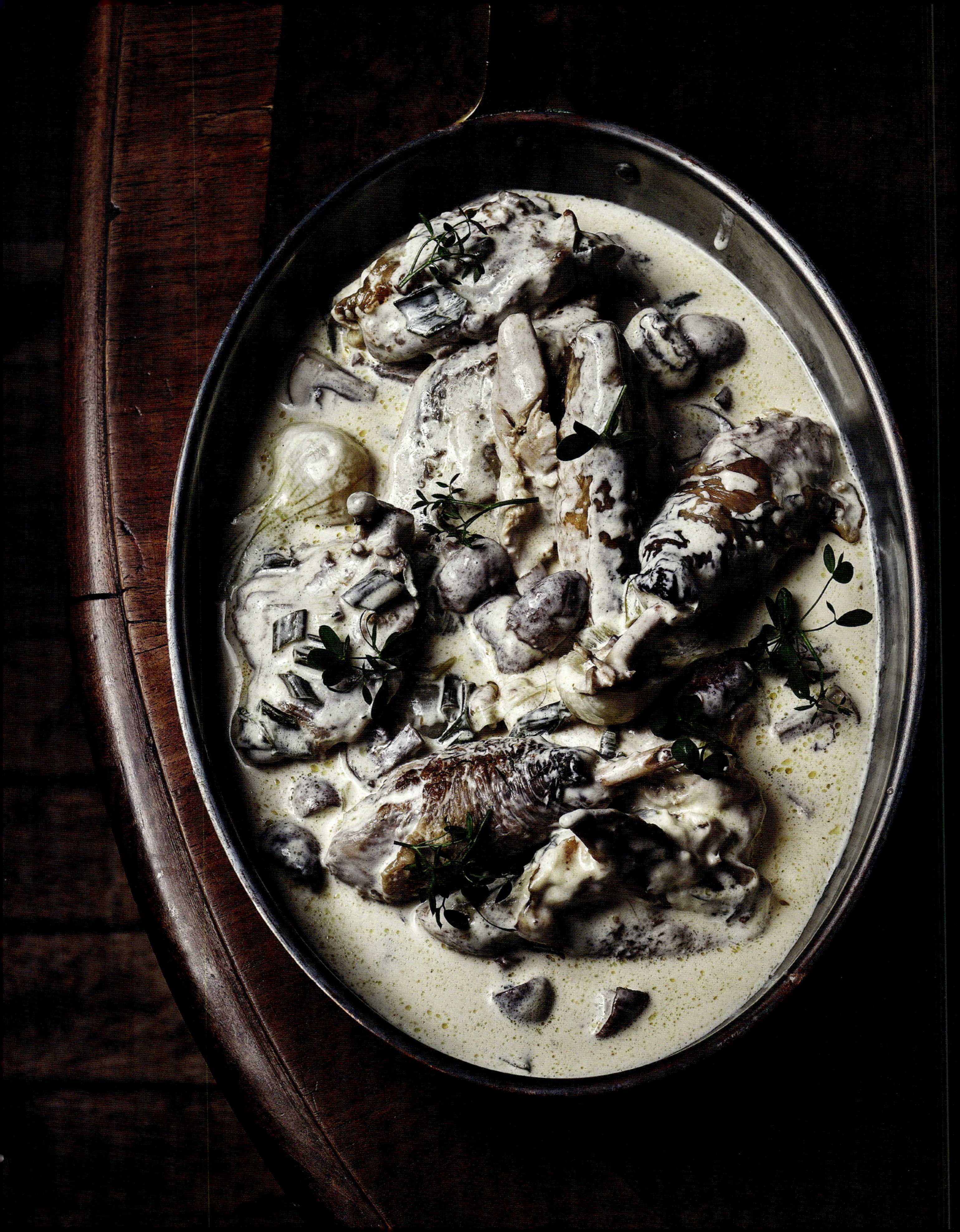

Voilà une recette qui met à l'honneur le savoir-faire gourmand de Normandie. Au rendez-vous la volaille bien sûr, comme un parfum de basse-cour mais aussi la crème et le beurre pour une onctuosité maximale. Un plat de fêtes au XIXe siècle qui traverse les époques pour devenir réconfortant au XXIe siècle !

Fricassée de volaille à la normande

Recette imaginée par Philippe Molinier, Chez Philippe.

Pour 4 personnes – Préparation : 20 min – Cuisson : 1 h

1 poulet préparé par votre boucher (en morceaux)
250 g de champignons de Paris
50 g de beurre doux
1 cuil. à soupe d'huile d'arachide
20 cl de vin blanc sec
50 cl de crème fraîche liquide
1 botte d'estragon ou de coriandre
Sel et poivre du moulin

Nettoyez et émincez les champignons. Faites fondre le beurre avec l'huile dans une cocotte en fonte.

Faites dorer les morceaux de poulet sur toutes les faces, salez et poivrez. Déglacez avec le vin blanc sec et laissez réduire. Ajoutez les champignons puis versez la crème. Laissez mijoter 40 à 50 min sur feu doux.

Parsemez, au moment de servir, d'estragon ou de coriandre ciselés.

Servez avec une poêlée de pommes de terre, un gratin dauphinois ou des pâtes fraîches.

Tarte aux pommes confites au cidre

*Recette imaginée par Gilles Tournadre, Gill**.*

Pour 4 personnes – Préparation : 1 h - Cuisson : 2 h – Repos : 2 h

Pour le sirop de cidre :
75 cl de cidre brut
50 g de sucre en poudre
1 bâton de cannelle

Pour la compote de pommes :
2 pommes
50 g de sucre cristal

Pour les pommes confites :
6 pommes

Pour les pommes marinées :
2 pommes Granny Smith
1 gousse de vanille
Zestes de citron vert

Pour la pâte sucrée :
166 g de beurre doux
36 g de poudre d'amandes
110 g de sucre glace
1 œuf
300 g de farine
3 g de sel

Amandes effilées

Préparez le sirop de cidre. Faites chauffer le cidre dans une casserole avec le sucre et le bâton de cannelle. Portez à ébullition puis laissez frémir 10 min. Réservez jusqu'à refroidissement.

Pendant ce temps, préparez la compote de pommes. Faites cuire les pommes et le sucre en ajoutant de l'eau à hauteur des ingrédients pendant 15 min environ. Mixez puis réservez.

Préparez les pommes confites. Déposez les pommes dans un plat allant au four, arrosez-les de 20 cl de sirop de cidre et enfournez à 180°C (th. 6) pendant 2 h.

Pour les pommes marinées. Taillez-les très finement à la mandoline puis laissez-les mariner 1 h dans 20 cl de sirop de cidre avec la gousse de vanille fendue et les zestes de citron vert.

Préparez la pâte sucrée. Mélangez le beurre doux, la poudre d'amandes, le sucre glace, puis ajoutez le reste des ingrédients un à un. Laissez reposer 1 h puis étalez finement et foncez le plat à tarte. Faites cuire à 160°C (th. 5/6) pendant 15 min environ.

Garnissez le fond de tarte cuit avec la compote de pommes. Disposez les pommes confites au cidre sur le dessus de manière harmonieuse et les pommes marinées en chiffonnade. Décorez d'amandes effilées.

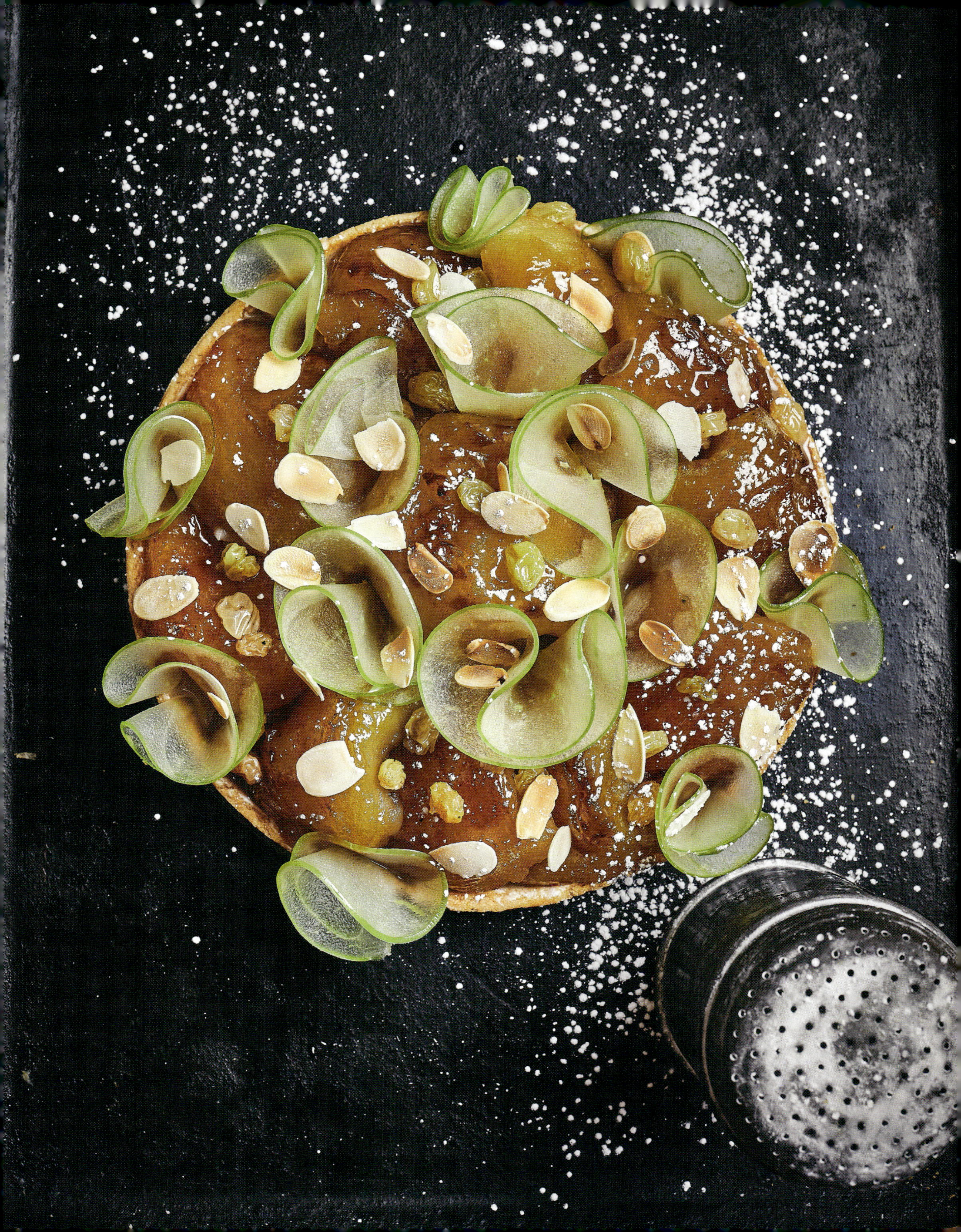

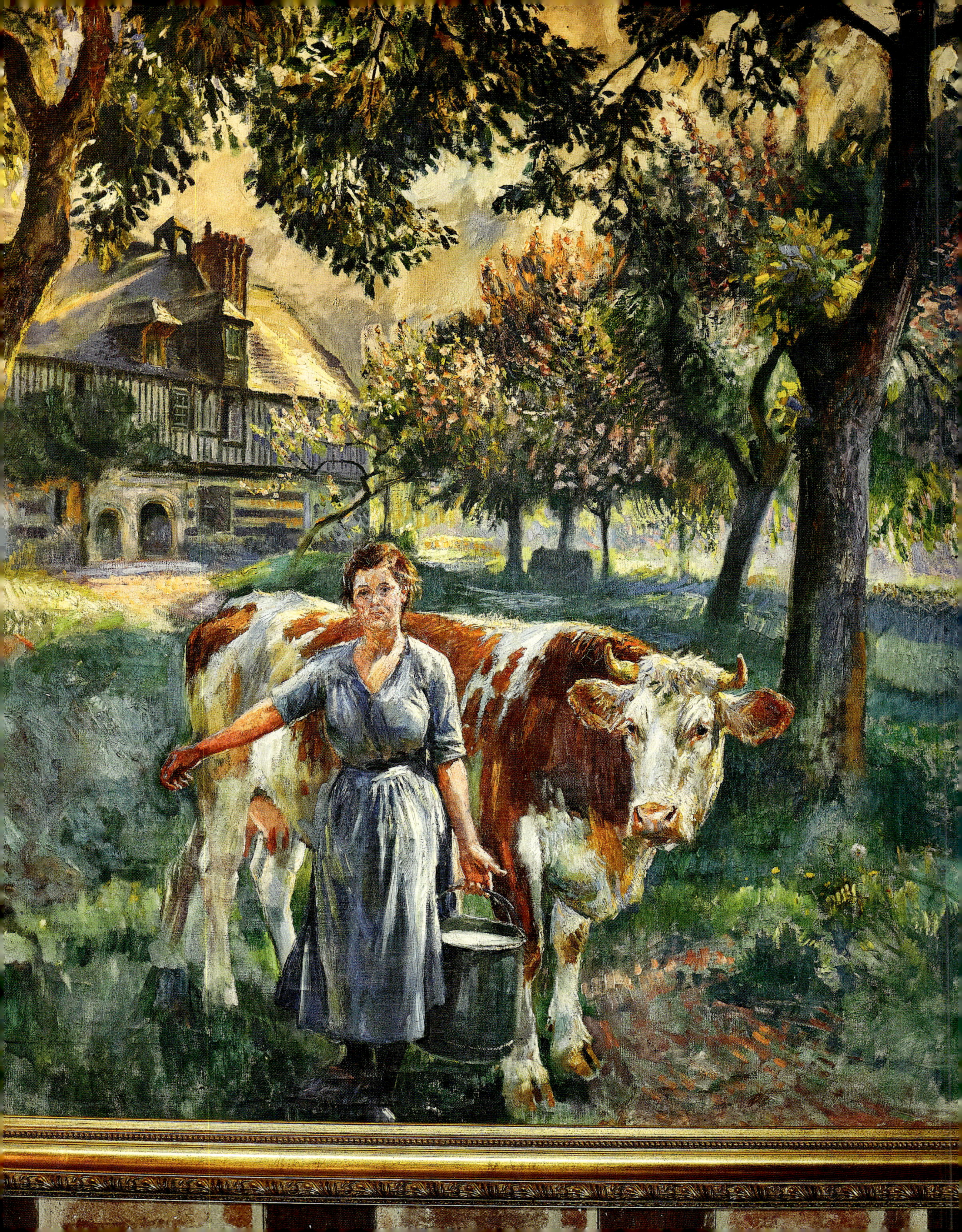

Nous allions à l'aventure par les champs et par les grèves

En 1847, Gustave Flaubert et son ami Maxime du Camp partent de Paris vers l'Ouest pour un voyage de plusieurs semaines… De Vannes à Fougères, à pied, en diligence ou en canot, ils arpentent landes et grèves, visitent chapelles et monuments, dînent à l'auberge, participent aux fêtes… puis, chacun à son tour, racontent leur périple. Leur récit se lit aujourd'hui comme un guide vivant et poétique des hauts lieux de la Bretagne.

La laitière sur fond de maison à colombages, une représentation de la vie à la campagne, visible au château de Martainville.

« Nous (...) prîmes nos bâtons et nous marchâmes vers la mer. C'était un dimanche et nous rencontrions à chaque pas des paysans abrités sous leurs vastes chapeaux et des paysannes avec leurs bavolets noirs et leurs tabliers en soie gorge-de-pigeon. Bientôt, nous arrivâmes à Logeot, petit port arrondi autour d'une anse à sable jaune. C'est à grand-peine que nous obtînmes à déjeuner : les portes se fermaient devant nous, et sans une omelette au lard que nous fit largement payer un charitable aubergiste, nous nous serions embarqués l'estomac creux et l'appétit aux dents. »

Omelette aux herbes

Recette imaginée par Thierry Demoget, Les Capucines.

Pour 4 personnes – Préparation : 10 min – Cuisson : 5 à 10 min

6 œufs
10 cl de crème fraîche liquide
40 g de beurre
Herbes fraîches (ciboulette, coriandre...)
Sel et poivre du moulin

Mélangez à la fourchette les œufs et la crème fraîche liquide. Salez et poivrez selon l'envie. Ajoutez les herbes finement ciselées. Mélangez. Faites chauffer une poêle avec le beurre puis versez la préparation. Roulez-la à mi-cuisson, selon votre préférence, baveuse, bien cuite. Dégustez avec quelques feuilles de salade.

Dégustez avec quelques champignons poêlés.

Astuce

Ajoutez des petits dés de lard préalablement revenus à la poêle.

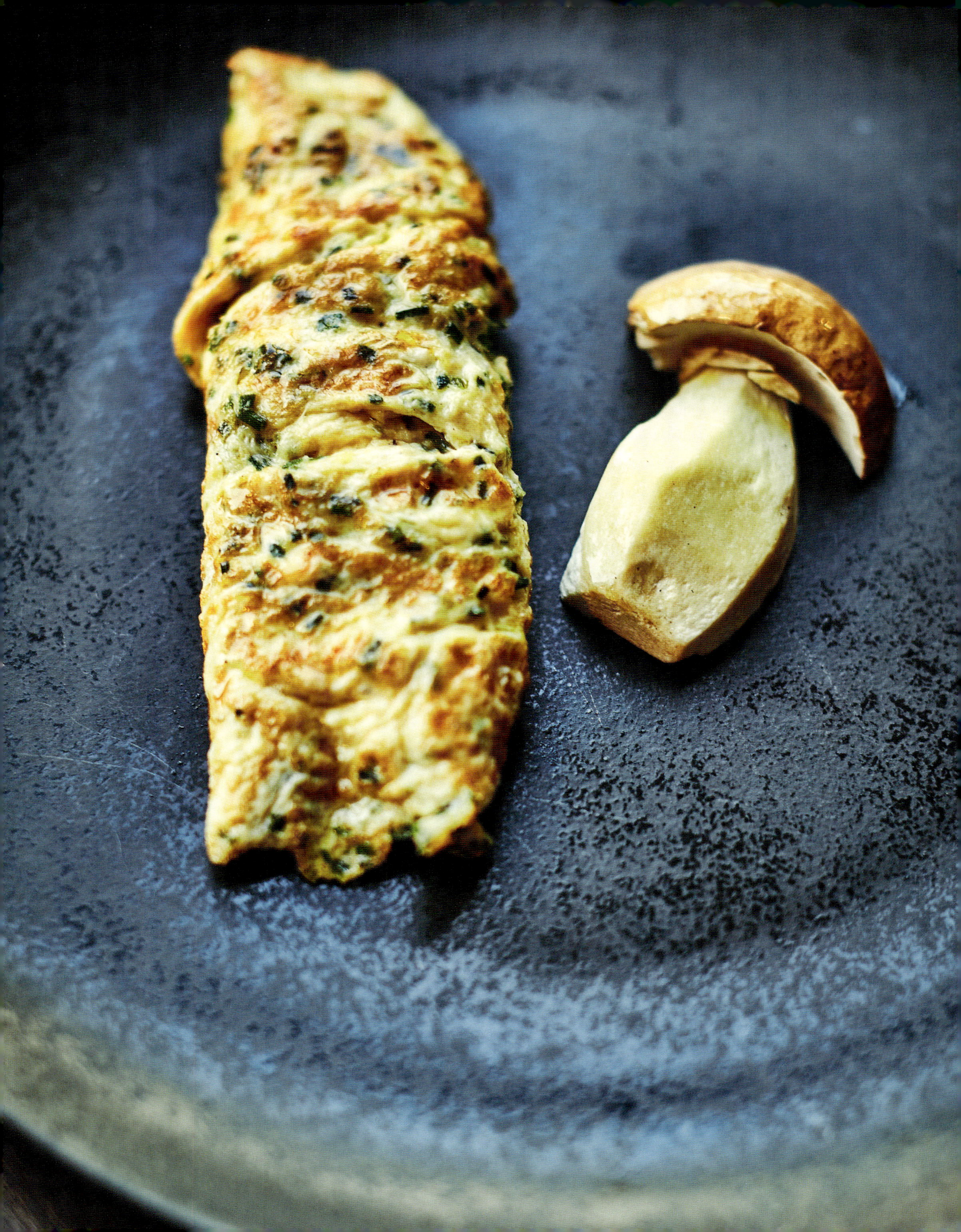

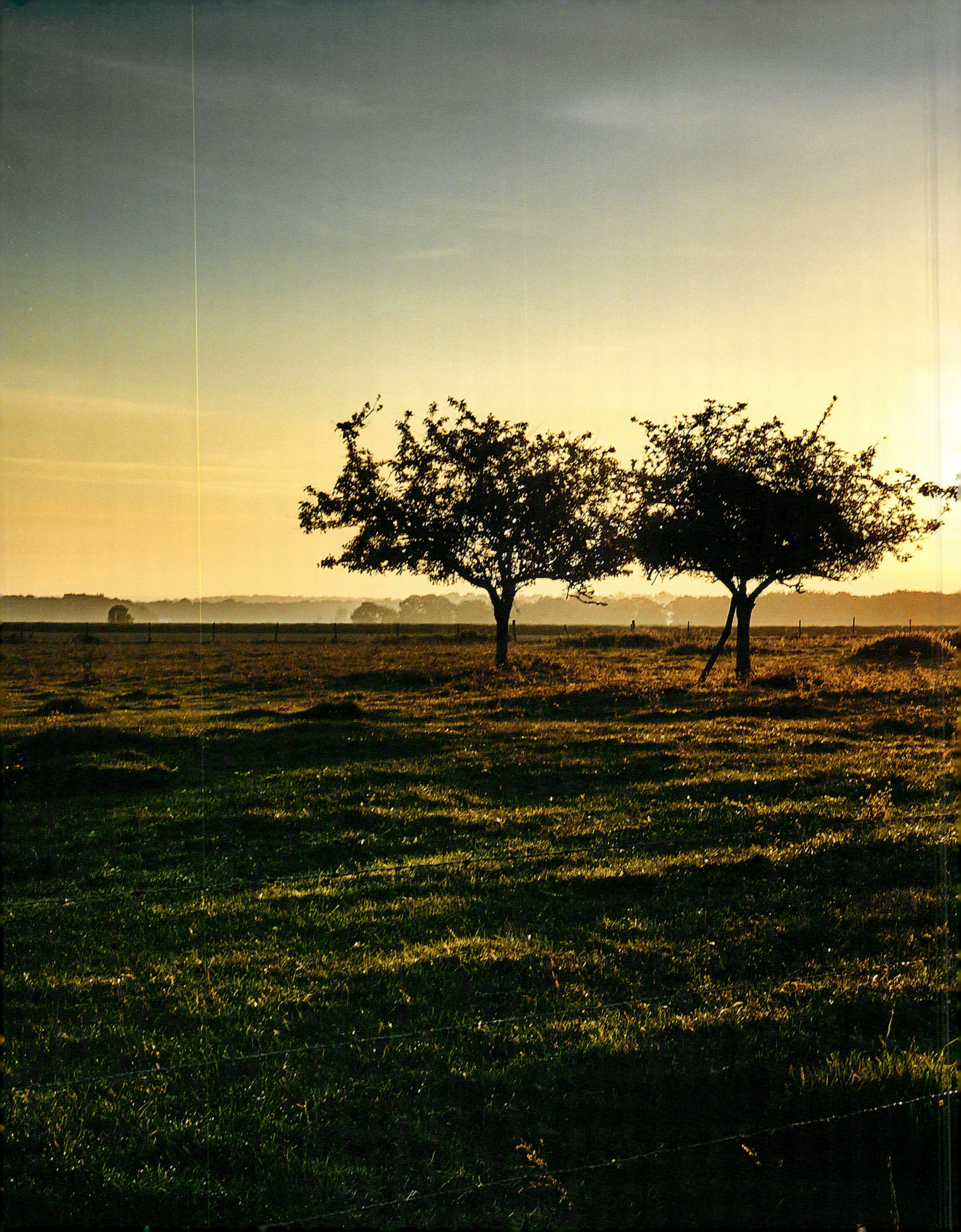

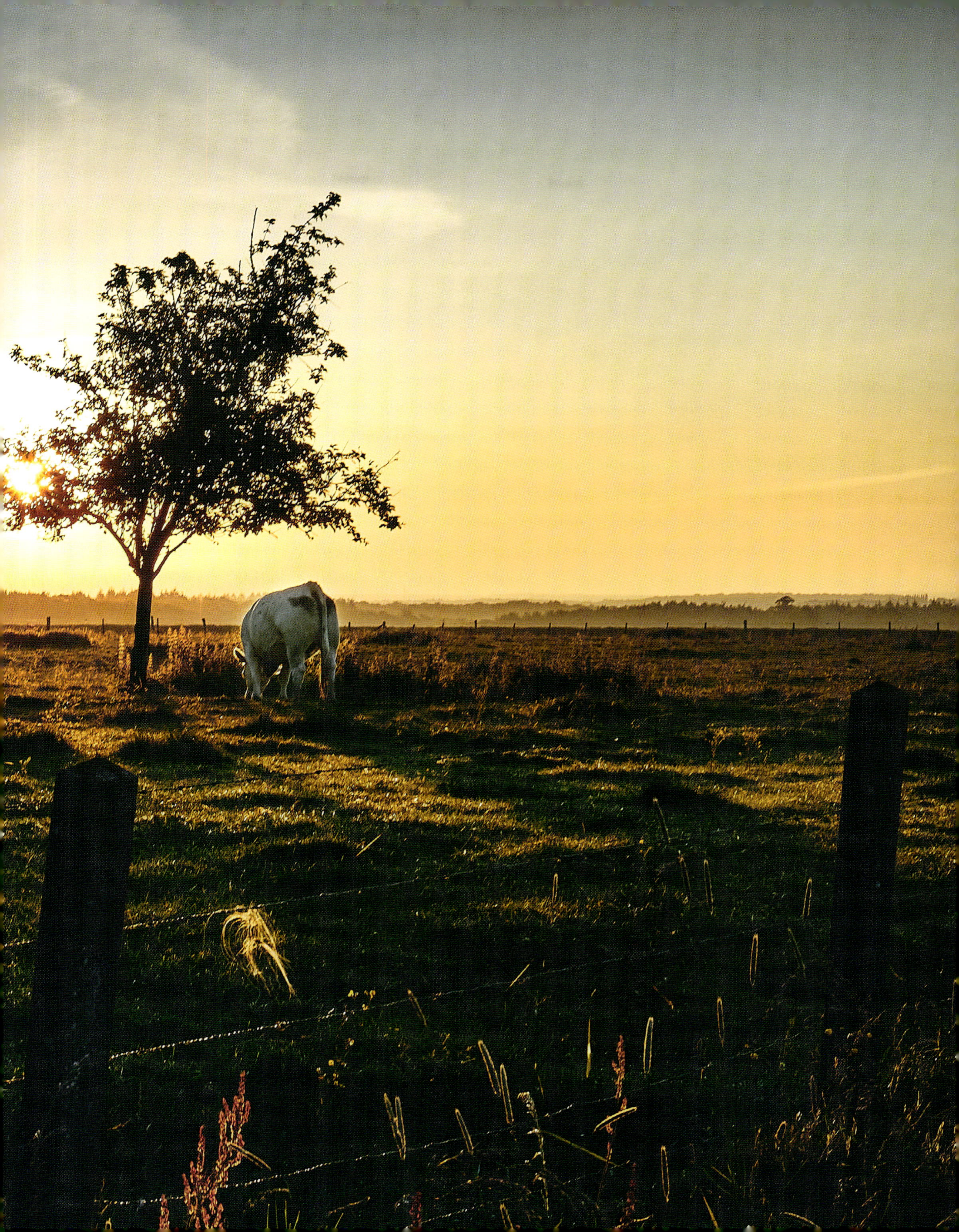

« Non content de distiller l'océan pour saler son pot-au-feu et d'assassiner les éléphants pour s'en faire des manches de couteaux, son égoïsme s'irrite encore lorsque s'exhume devant lui un débris quelconque dont il ne peut deviner l'usage. »

Pot-au-feu

Recette imaginée par Alexandre Daligaux, Cancan.

Pour 8 personnes – Préparation : 1 h – Cuisson : 2 h – Repos : 2 h

1 kg de queue de bœuf
5 carottes
3 oignons
½ branche de céleri
3 feuilles de laurier
1 branche de thym
1 botte de persil
1 pincée de gros sel
1 pomme
1 oignon rouge
Brins de verdure

Pour la vinaigrette :
2 cuil. à soupe de sauce soja sucrée
2 cuil. à soupe de vinaigre de riz
Le jus d'1 citron vert
6 cuil. à soupe d'huile olive

Commencez par mettre la queue de bœuf à cuire avec 3 carottes épluchées, les oignons épluchés, le céleri branche, les feuilles de laurier, le thym, le persil et le gros sel puis recouvrez d'eau.

Après la première ébullition, laissez cuire à feu doux pendant au moins 2 h jusqu'à ce que la viande soit fondante. Détachez-la des os puis réservez.

Émiettez les morceaux de viande. Passez le reste de la recette au chinois pour récupérer le bouillon. Faites-le réduire pour le concentrer en goût puis versez-le dans une terrine et conservez au frais pendant 2 h.

Préparez la vinaigrette en mélangeant la sauce soja sucrée, le vinaigre de riz, le jus de citron vert et l'huile d'olive. Taillez les 2 carottes restantes et la pomme en lamelles fines. Servez à l'assiette la viande de bœuf à l'aide d'un emporte-pièce rond, ajoutez de la vinaigrette, quelques dés d'oignon rouge, des lamelles de carotte et de pomme. Décorez de brins de verdure.

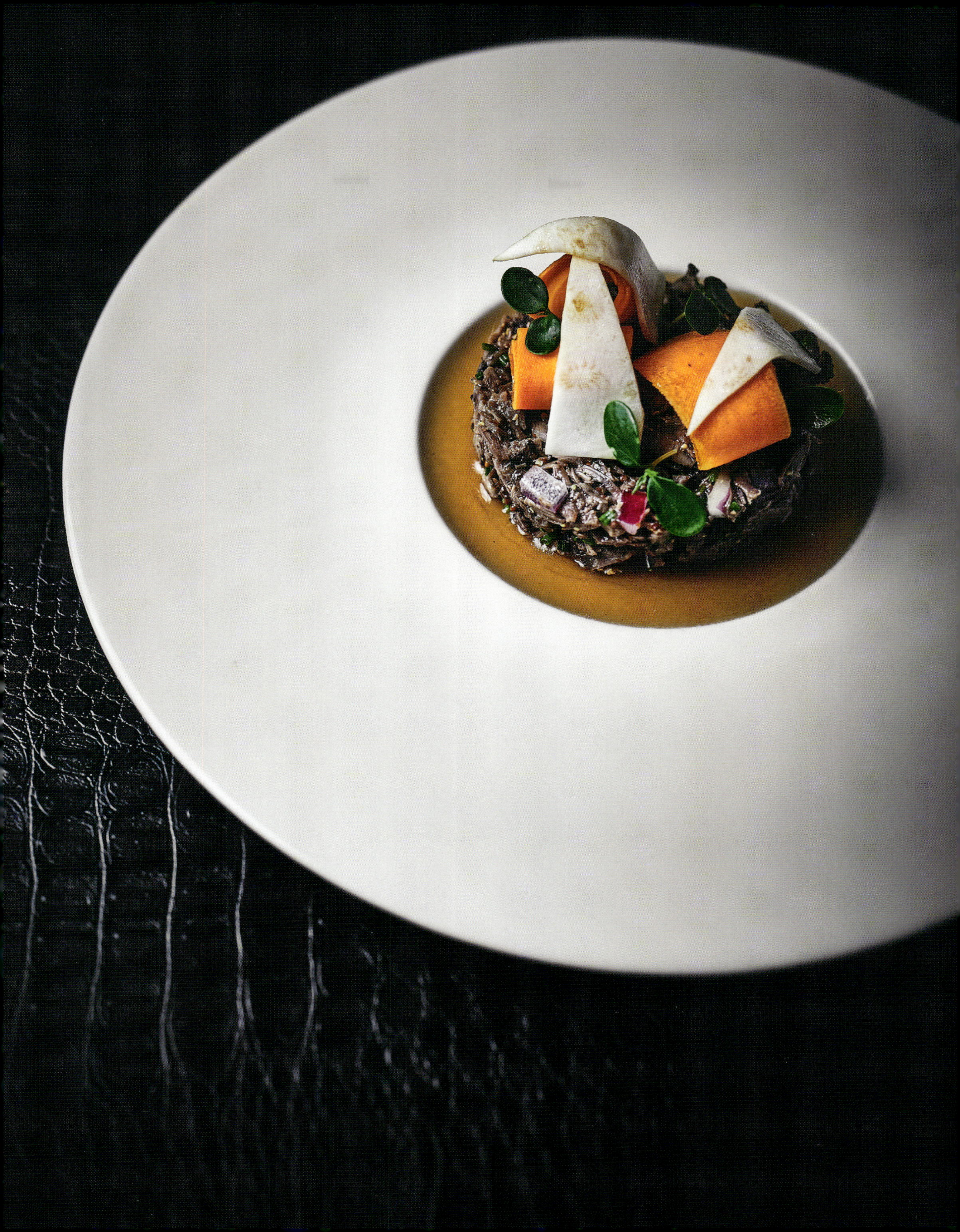

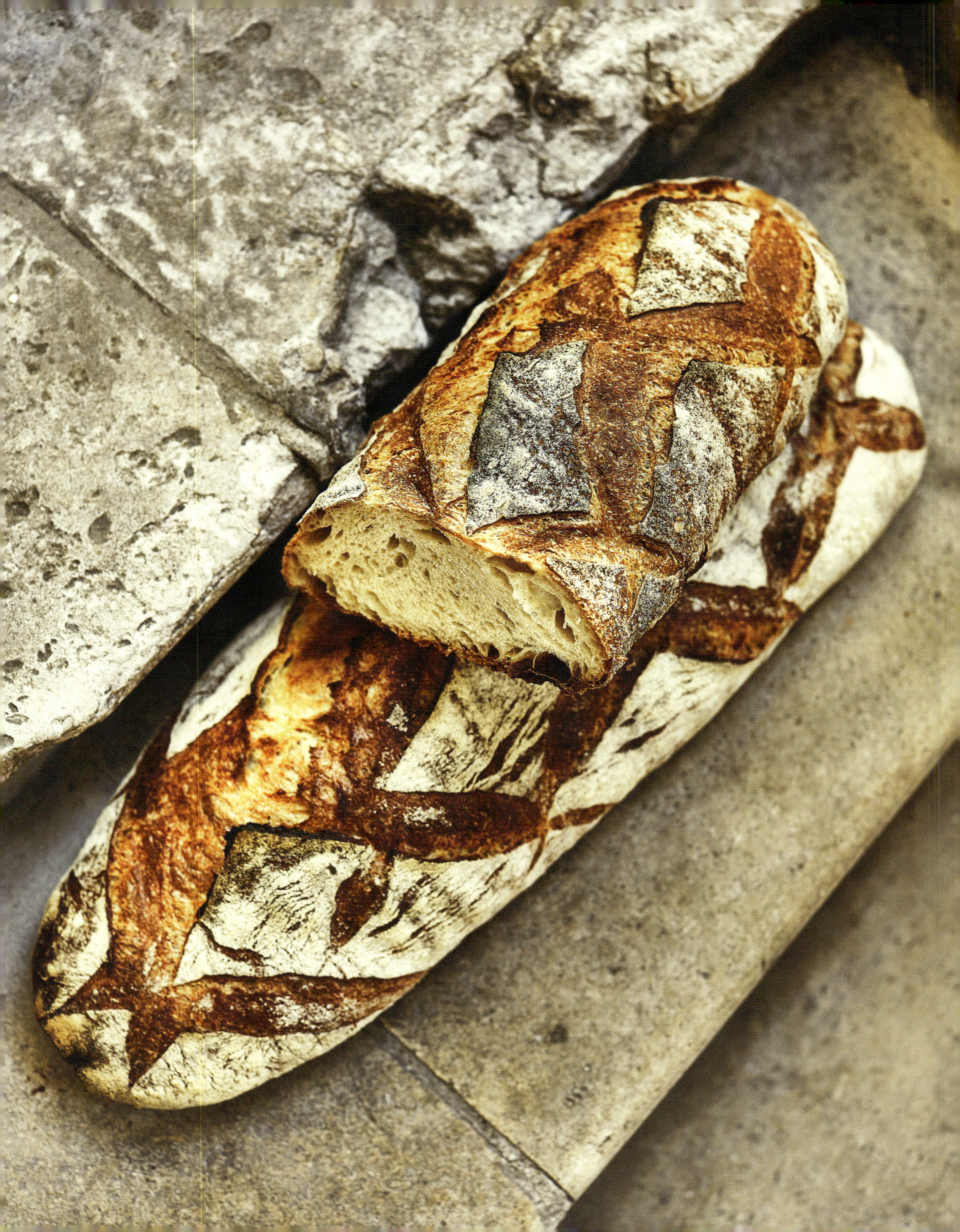

Un parfum à sentir

Marguerite, prématurément vieille et usée, délaissée par son mari qui lui préfère la vive et fraîche Isabellada, ne sait que faire pour reconquérir l'homme qu'elle aime. Malgré sa bonté et sa générosité, le combat est trop inégal.

« Il était 6 heures d'après-midi, il faisait froid et tous avaient faim. Vouliez-vous qu'il laissât mourir ses enfants, ses pauvres enfants qui, les mains jointes comme devant l'autel, se rampaient à ses genoux en lui disant avec un sourire et des larmes – Du pain ! –

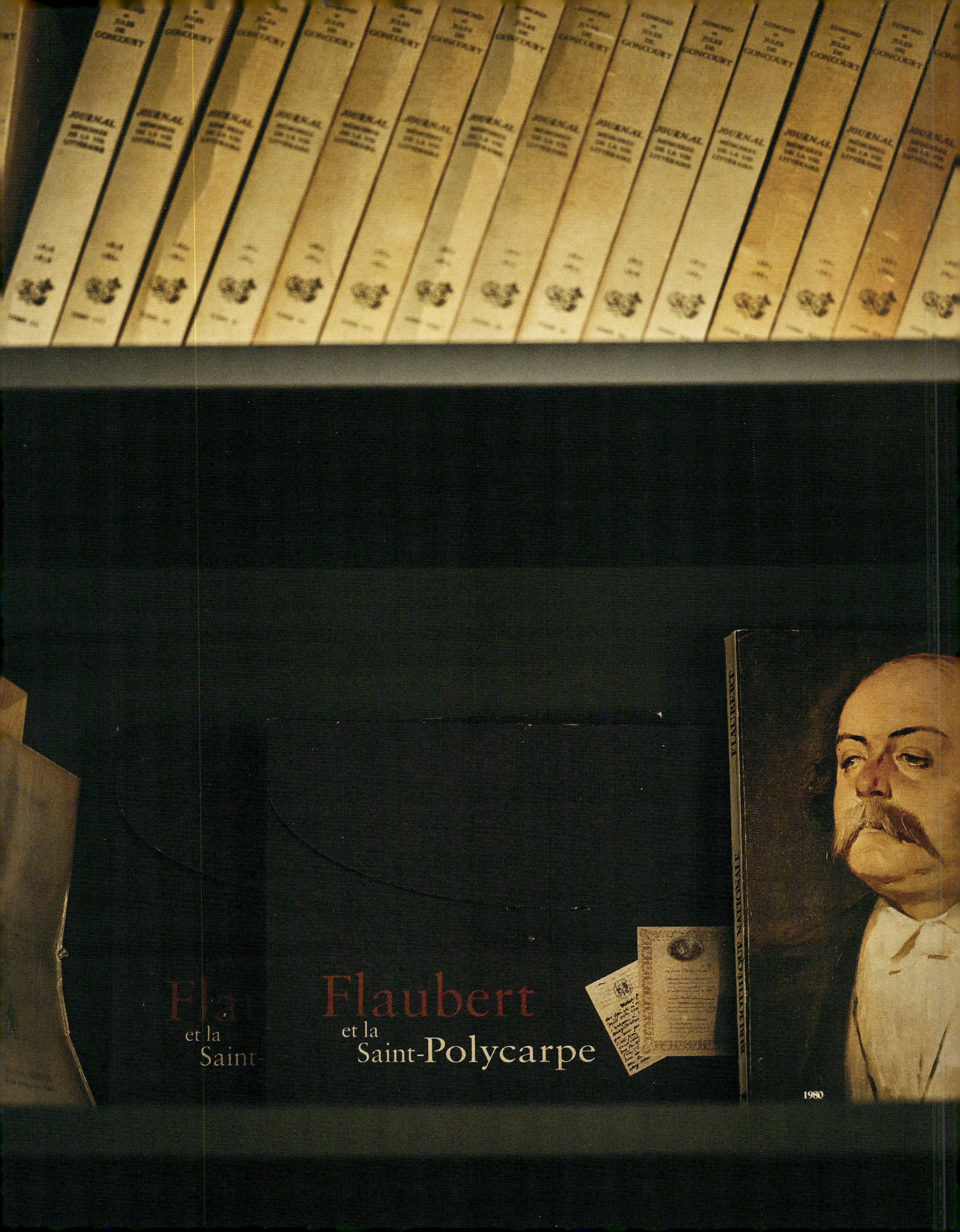
JOURNAL
Flaubert
et la
Saint-Polycarpe
FLAUBERT
BIBLIOTHÈQUE NATIONALE
1980

Bouvard et Pécuchet

Le projet de ce roman remonte à 1872, puisque l'auteur en fait part à George Sand dans un courrier où il affirme son intention comique. Dès cette époque, il songe à écrire une vaste raillerie sur la vanité de ses contemporains. Entre l'idée et la rédaction interrompue par sa mort, il aura eu le temps de collecter une impressionnante documentation : on avance le chiffre de mille cinq cents livres. Lors de l'écriture, Flaubert avait songé au sous-titre *Encyclopédie de la bêtise humaine* et la présence du *Dictionnaire des idées reçues* à la fin du roman est l'une des raisons de sa célébrité. Le comique vient de la frénésie des deux compères, à tout vouloir savoir, tout expérimenter, et surtout de leur incapacité à comprendre correctement.

« On leur avait préparé une soupe à l'oignon, un poulet, du lard, des œufs durs. La vieille femme qui faisait la cuisine venait de temps à autre s'informer de leurs goûts. Ils répondaient : Oh ! très bon, très bon ! et le gros pain difficile à couper, la crème, les noix, tout les délecta. »

Soupe à l'oignon

Recette imaginée par Philippe Molinier, Chez Philippe.

Pour 4 personnes – Préparation : 20 min – Cuisson : 40 min

4 oignons
20 g de beurre doux
1 cuil. à soupe de farine
100 g de gruyère râpé
1 l de bouillon de volaille
4 tranches de pain de campagne
Sel et poivre

Épluchez les oignons et coupez-les en fines rondelles. Faites fondre le beurre dans une casserole et faites revenir les oignons 3 min.

Saupoudrez les oignons de farine, mélangez et poursuivez la cuisson 30 sec. Salez, poivrez et versez le bouillon. Couvrez et laissez cuire 30 min. Versez dans une soupière allant au four, parsemez de gruyère râpé et passez sous le gril 3 à 4 min. Servez avec des tranches de pain de campagne dorées.

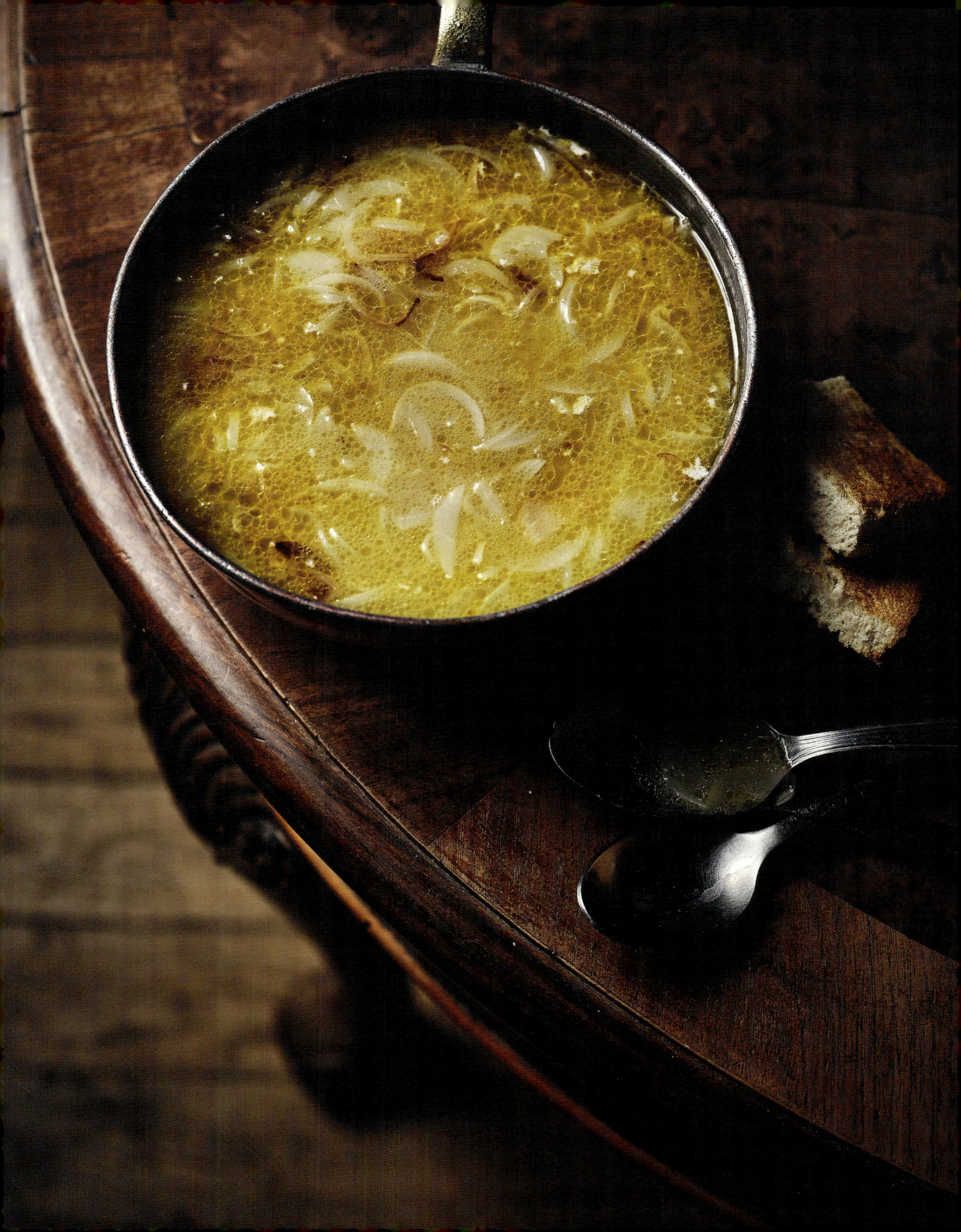

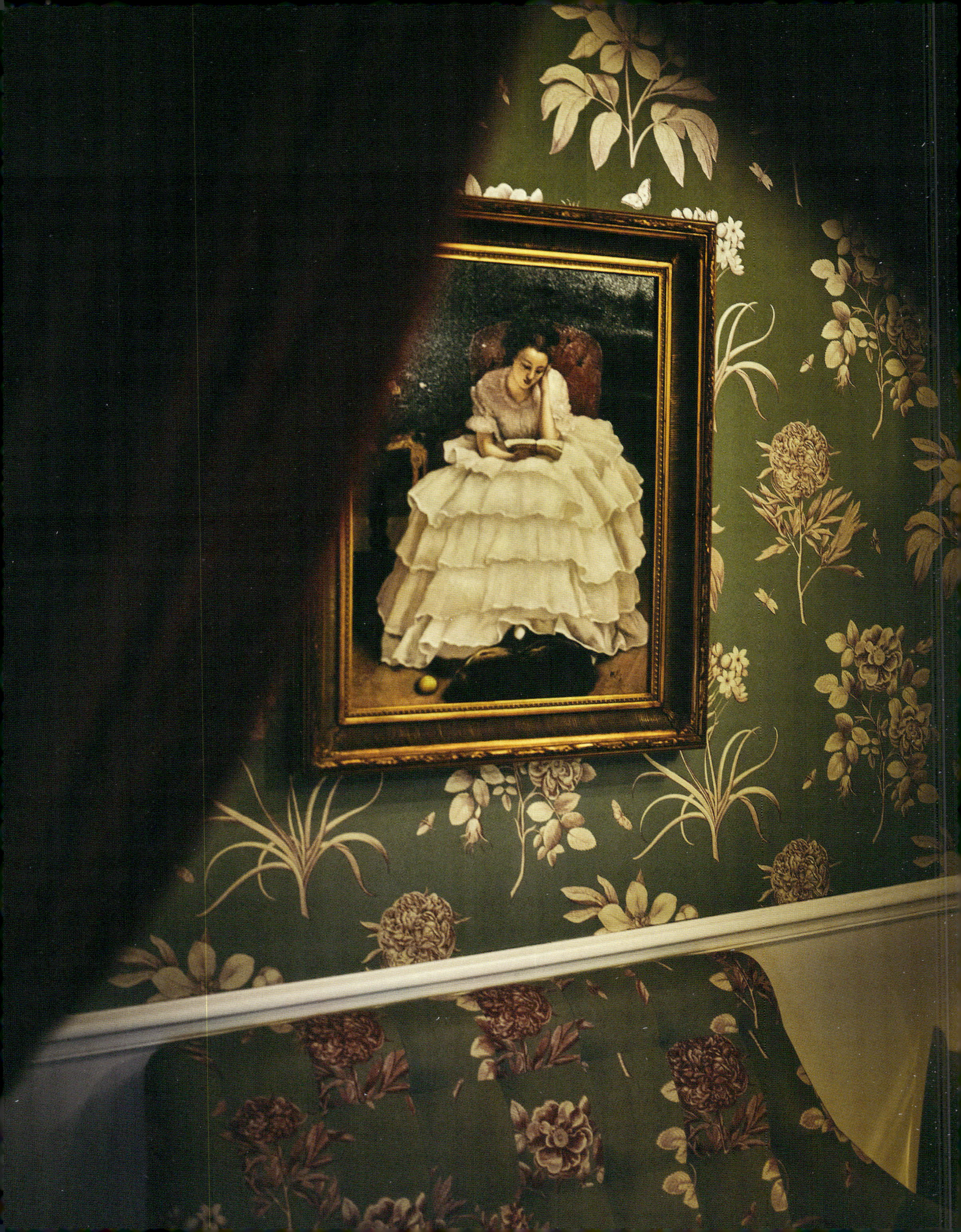

Lettres à Louise Colet

Cette correspondance colorée, enflammée, profonde, relate ce qui fut pendant près de dix ans, entre 1846 et 1855, non point le grand amour de Flaubert, mais l'amour tapageur, intense, infernal, de Louise Colet pour l'écrivain. Une passion amoureuse dans la langue la plus savoureuse qui soit.

« Merci de ta bonne lettre. Mais ne m'aime pas tant, ne m'aime pas tant. Tu me fais mal ! Laisse-moi t'aimer, moi ; »

« Il faut que je t'aime pour te dire cela. Oublie-moi si tu peux, arrache ton âme avec tes deux mains et marche dessus pour effacer l'empreinte que j'y ai laissée. »

« Penser, c'est le moyen de souffrir. »

« Ne te travaille pas à te rendre malheureuse. »

« Travaillons, et de notre mieux ; puis, nous nous verrons de temps à autre, quand nous le pourrons ; nous nous donnerons une bonne bouffée d'air, nous nous repaîtrons de nous-même à nous en faire mourir ; puis nous retournerons à notre jeûne. Qui sait ? c'est peut-être la meilleure méthode pour bien travailler et pour bien s'aimer. »

« Alors ils se commandèrent pour leur dîner des huîtres, un canard, du porc aux choux, de la crème, un pont-l'évêque et une bouteille de bourgogne. »

« Faisons une nouvelle halte pour un repas : Roastbeef, poule au jus, écrevisses, champignons, légumes en salade, rôtis d'alouettes, arrosés de bordeaux, bourgogne, malaga et champagne. »

« Il y a quantité de bourgeois qui me représentent le bouilli : beaucoup de fumée, nul jus, pas de saveur. Ça bourre tout de suite, et ça nourrit les rustres. Il y a aussi beaucoup de viande blanche, de poissons de rivières, d'anguilles déliées vivant dans la vase des fleuves, d'huîtres plus ou moins salées, de tête de veau et de bouillies sucrées. Moi je suis comme le macaroni au fromage, qui file et qui pue ; il faut en avoir l'habitude pour en avoir le goût. On s'y fait à la longue, après que bien des fois le cœur vous est venu aux lèvres ».

Cassolette de veau

Recette imaginée par Jacky Folliot, Madame.

Pour 4 personnes – Préparation : 30 min – Cuisson : 50 min

1 kg de quasi de veau
2 gousses d'ail
2 cuil. à soupe d'huile d'olive
60 g de beurre doux
10 cl de vin blanc sec
800 g de champignons (girolles, cèpes, etc.)
1 oignon rouge
Sel et poivre du moulin

Pelez et dégermez les gousses d'ail. Incisez le quasi, glissez-y des éclats d'ail. Salez et poivrez. Faites colorer la viande dans une cocotte avec 1 cuil. à soupe d'huile et 30 g de beurre. Couvrez, baissez le feu, laissez cuire 30 min. Ajoutez le vin blanc et la même quantité d'eau, cuisez encore 20 min.

Pendant ce temps, nettoyez les champignons. Lavez-les rapidement, séchez-les et taillez les plus gros spécimens en morceaux. Jetez-les dans une grande poêle, salez-les légèrement et laissez-les sécher 5 min à feu moyen. Égouttez-les dans une passoire.

Dans la même poêle, faites chauffer le reste de beurre et d'huile. Remettez-y les champignons, salez et poivrez. Faites-les dorer 7 ou 8 min en les remuant. Baissez le feu et ajoutez l'oignon haché, laissez cuire encore 2 min.

Présentez le rôti sur un plat chaud avec la fricassée de champignons, et servez le jus en saucière.

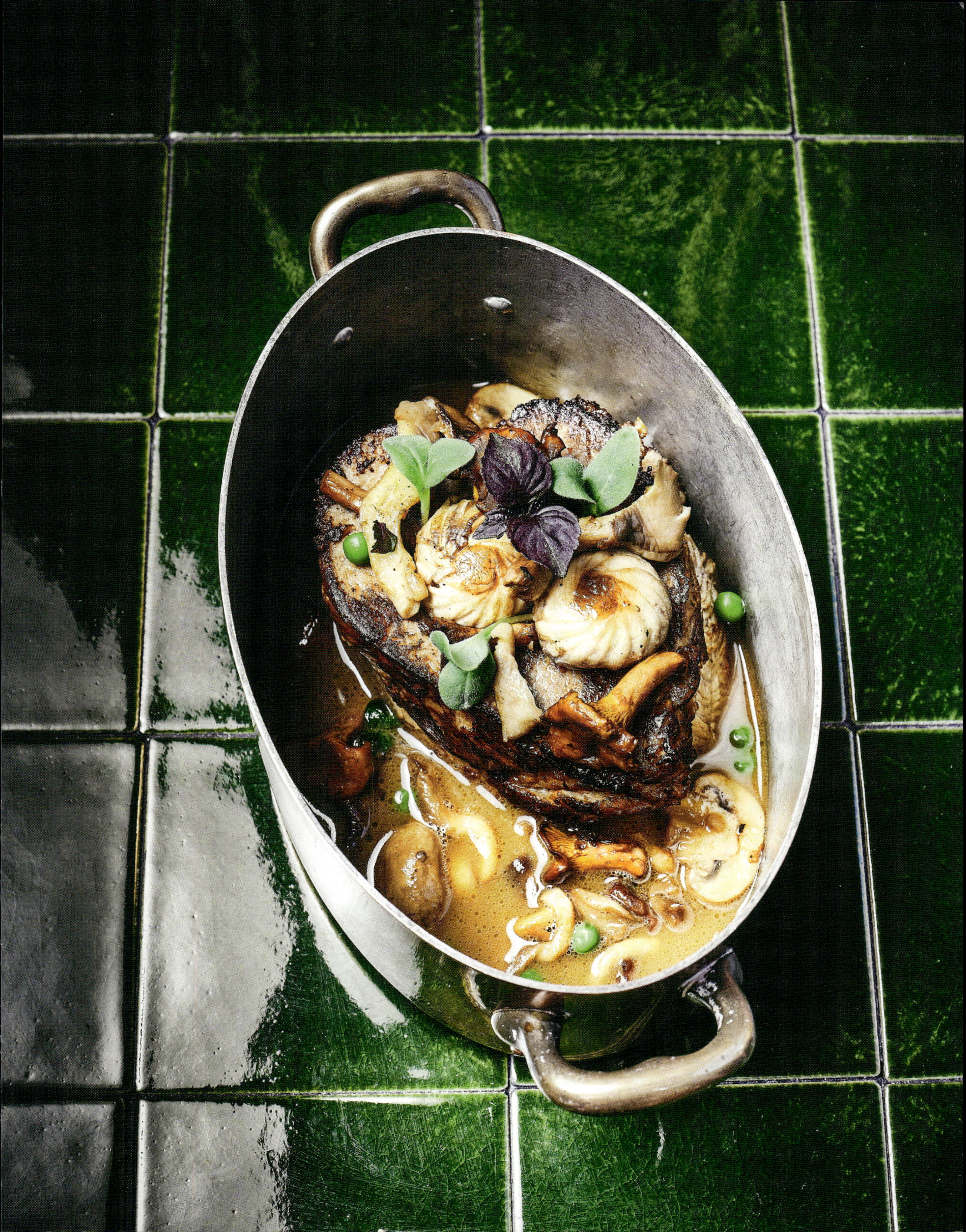

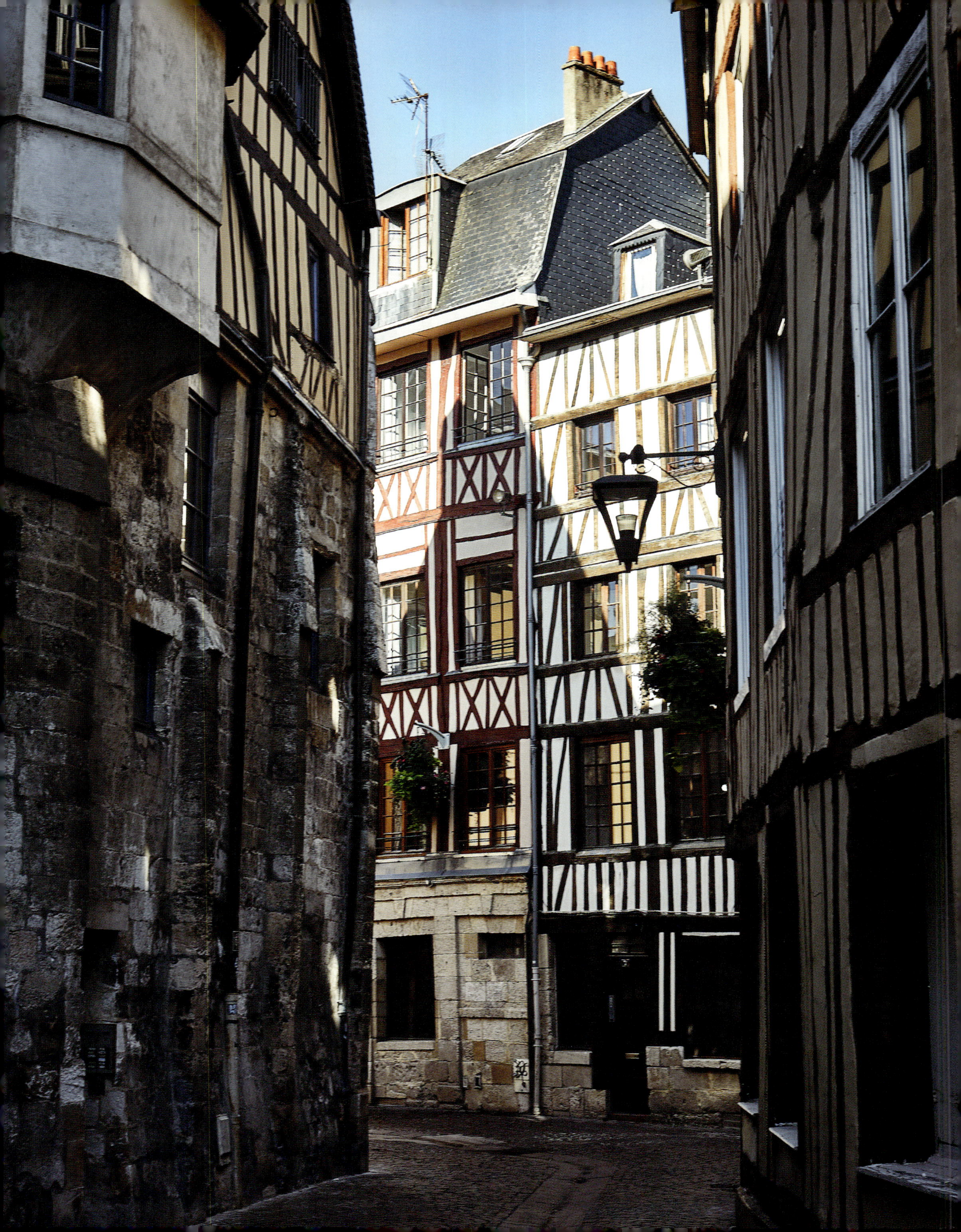

Tu aimes trop la littérature, elle te tuera

Correspondance, George Sand - Gustave Flaubert

Magnifique amitié entre ces deux grands écrivains qui aiment à échanger sur les affres de leur art, l'ennui, la politique, la solitude, la gourmandise... Un bon coup de fourchette qu'ils partagent lors de leurs dîners parisiens chez Magny mais aussi à l'occasion des venues de l'auteure chez son ami, l'ermite normand en son pavillon de Croisset.

« Cher ami,
Je serai mardi à Rouen à 1 heure. Je m'arrangerai en conséquence. Laissez-moi voir Rouen que je ne connais pas, ou faites-le-moi voir si vous avez le temps. »

Tu aimes trop la littérature, elle te tuera
Correspondance entre George Sand et Gustave Flaubert

« 28 août : J'arrive à Rouen à une heure. Je retrouve Flaubert à la gare avec une voiture. Il me mène voir la ville, les beaux monuments, la cathédrale, l'hôtel de ville, Saint-Maclou, Saint-Patrice ; c'est merveilleux. Un vieux charnier et des vieilles rues ; c'est très curieux. Nous arrivons à Croisset à trois heures et demie. La mère de Flaubert est une vieille charmante. L'endroit est délicieux, la maison est confortable et jolie, et bien arrangée, et un bon service, de la propreté, de l'eau, des prévisions, tout ce qu'on peut souhaiter. Je suis comme un coq en pâte. Flaubert me lit, ce soir, une Tentation de Saint-Antoine. *Superbe. Nous bavardons dans son cabinet jusqu'à 2 heures. »* 28 août 1866

George Sand sollicite son ami très cher pour visiter la ville aux cent clochers. Il l'accueille ensuite chez lui à Croisset.

C'est à quelques minutes de Rouen que se trouvait l'ancienne propriété des Flaubert, acquise en 1844, et où Gustave Flaubert vécut jusqu'à sa mort. C'est là qu'il écrivit toute son œuvre, dans son bureau au premier étage dont les fenêtres donnaient sur la Seine. Ses amis, outre George Sand, les frères Goncourt, Guy de Maupassant... venaient rendre visite à celui qu'on appellera « l'ermite de Croisset » . La propriété est aujourd'hui détruite mais le Pavillon Flaubert contient de nombreux souvenirs de l'écrivain, comme ses plumes d'oie et un perroquet qui évoque Loulou d'*Un cœur simple*.

« C'était une jolie maison blanche de style ancien, plantée tout au bord de la Seine, au milieu d'un jardin magnifique qui s'étendait par-derrière et escaladait la grande côte de Canteleu. Des fenêtres de son vaste cabinet de travail, on voyait passer tout près, comme s'ils allaient toucher les murs avec leurs vergues, les grands navires qui montaient vers Rouen ou descendaient vers la mer. » Guy de Maupassant

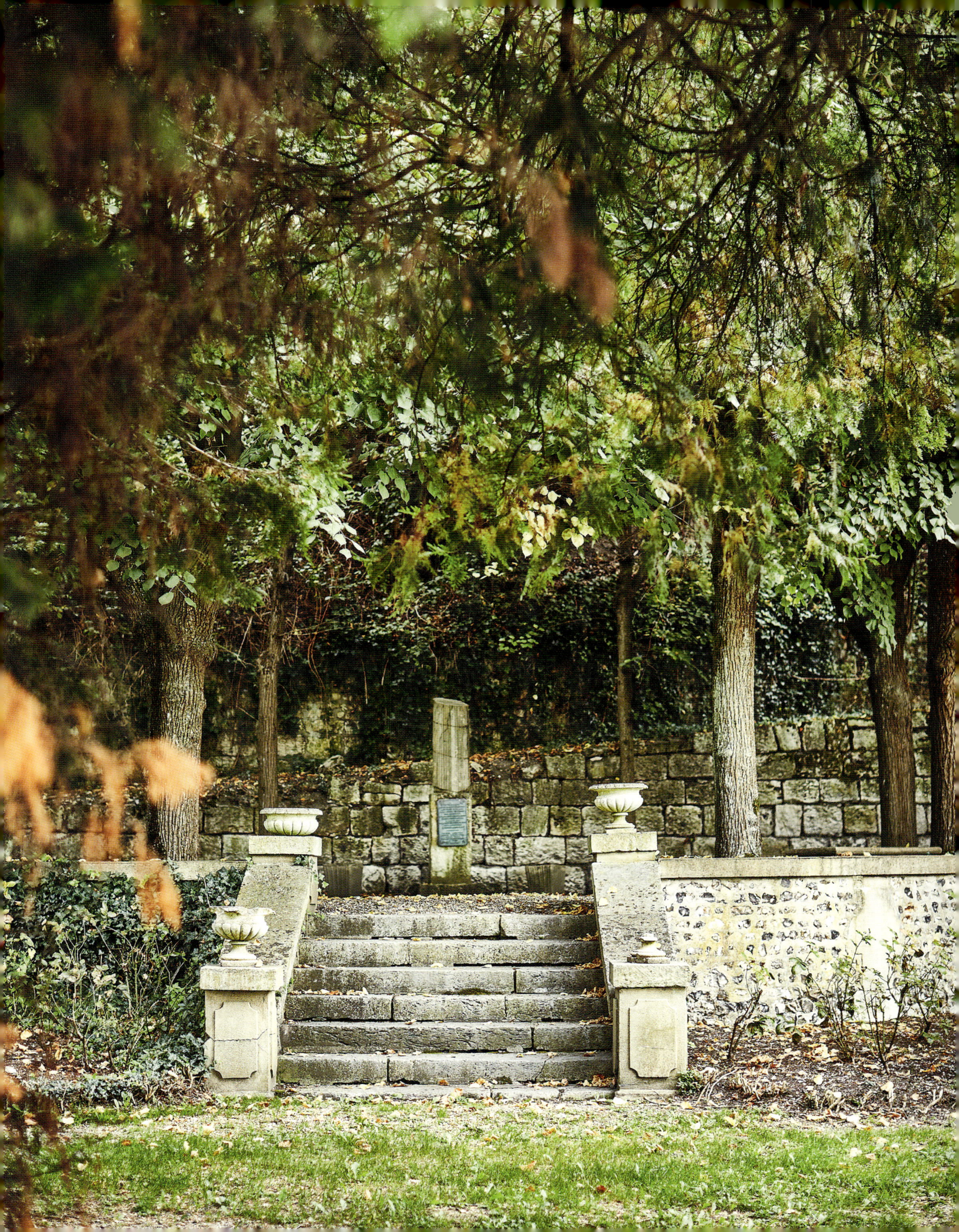

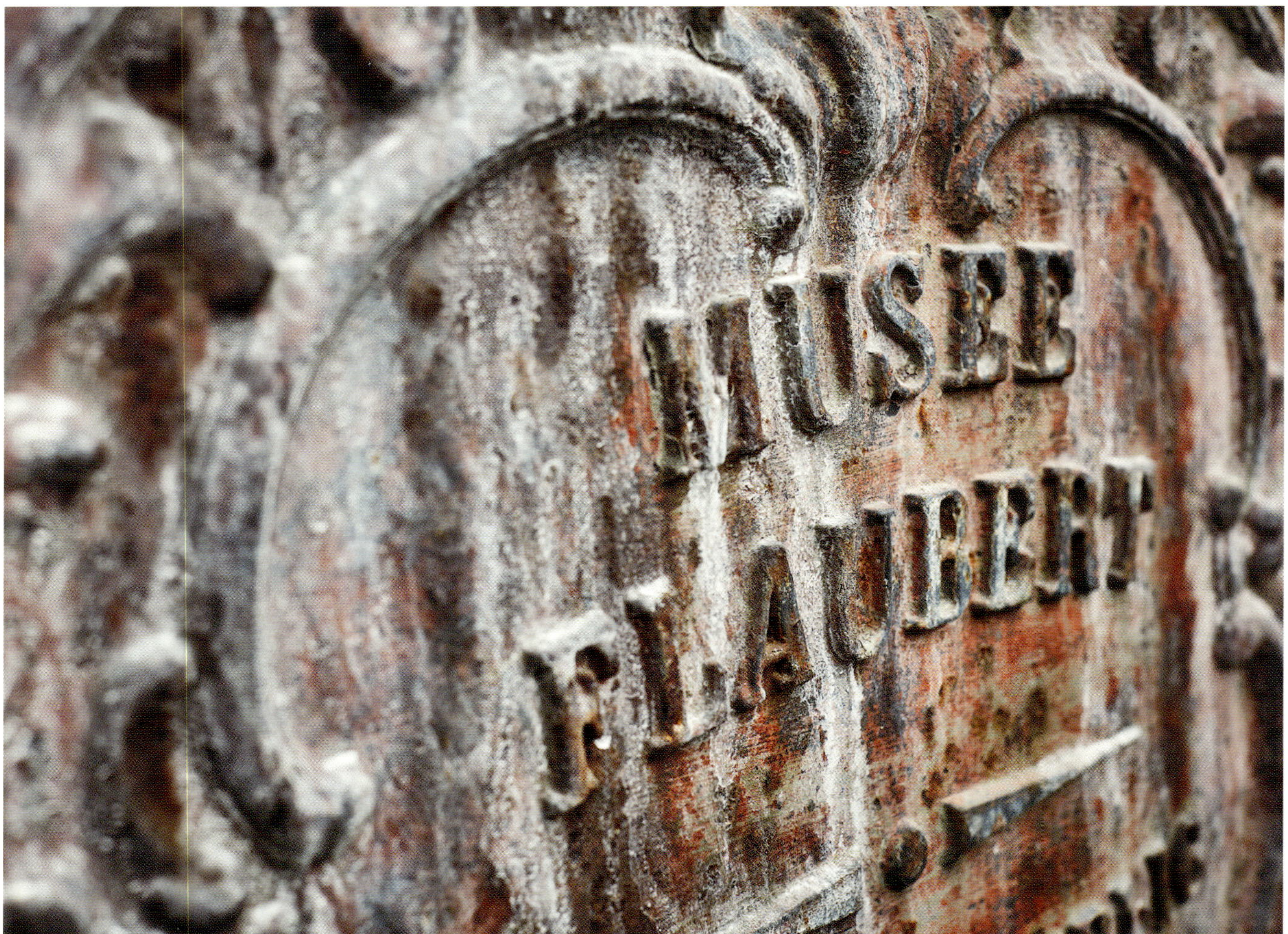
MUSEE
FLAUBERT

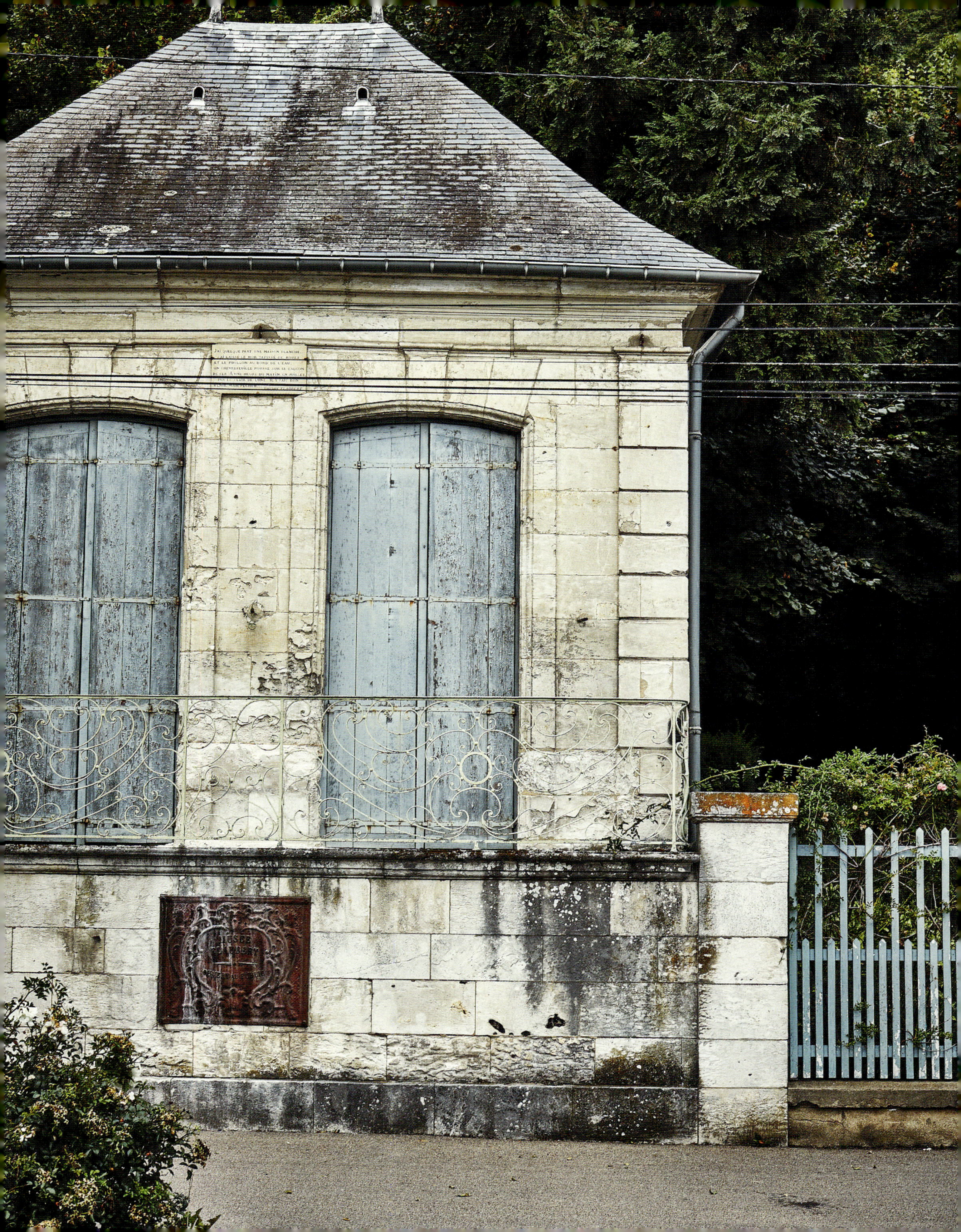
J'AI QUELQUE PART UNE MAISON BLANCHE.
ET LE PAVILLON AU BORD DE L'EAU.
UN CHÈVREFEUILLE POUSSE SUR LE BALCON
DE FER. À UNE HEURE DU MATIN, EN JUILLET,

Mirliton de Rouen

Recette imaginée par Christophe Cressent, MOF, Ma Boulangerie.

Pour 4 personnes – Préparation : 15 min - Cuisson : 30 min

1 pâte feuilletée
600 g de sucre
500 g d'œufs
250 g de beurre doux
10 cl de crème fleurette
1 gousse de vanille
Sucre glace

Faites fondre le beurre en beurre noisette blond. Fouettez les œufs et le sucre puis ajoutez les graines de la gousse de vanille grattée. Mélangez les deux préparations. Lissez au fouet. Ajoutez la crème bien froide. Déposez la pâte feuilletée dans les alcôves d'un moule. Versez l'appareil dans les fonds de feuilletage. Poudrez au sucre glace et laissez reposer (croûter). Sucrez une seconde fois juste avant d'enfourner 25 min à 200°C (th. 6/7).

Astuce

Préparez un feuilletage bien détendu et foncez idéalement les moules la veille. Traditionnellement, les mirlitons sont réalisés dans des moules d'un diamètre de 4,5 à 5 cm, avec une bordure bien haute pour retenir l'appareil lors de la cuisson.

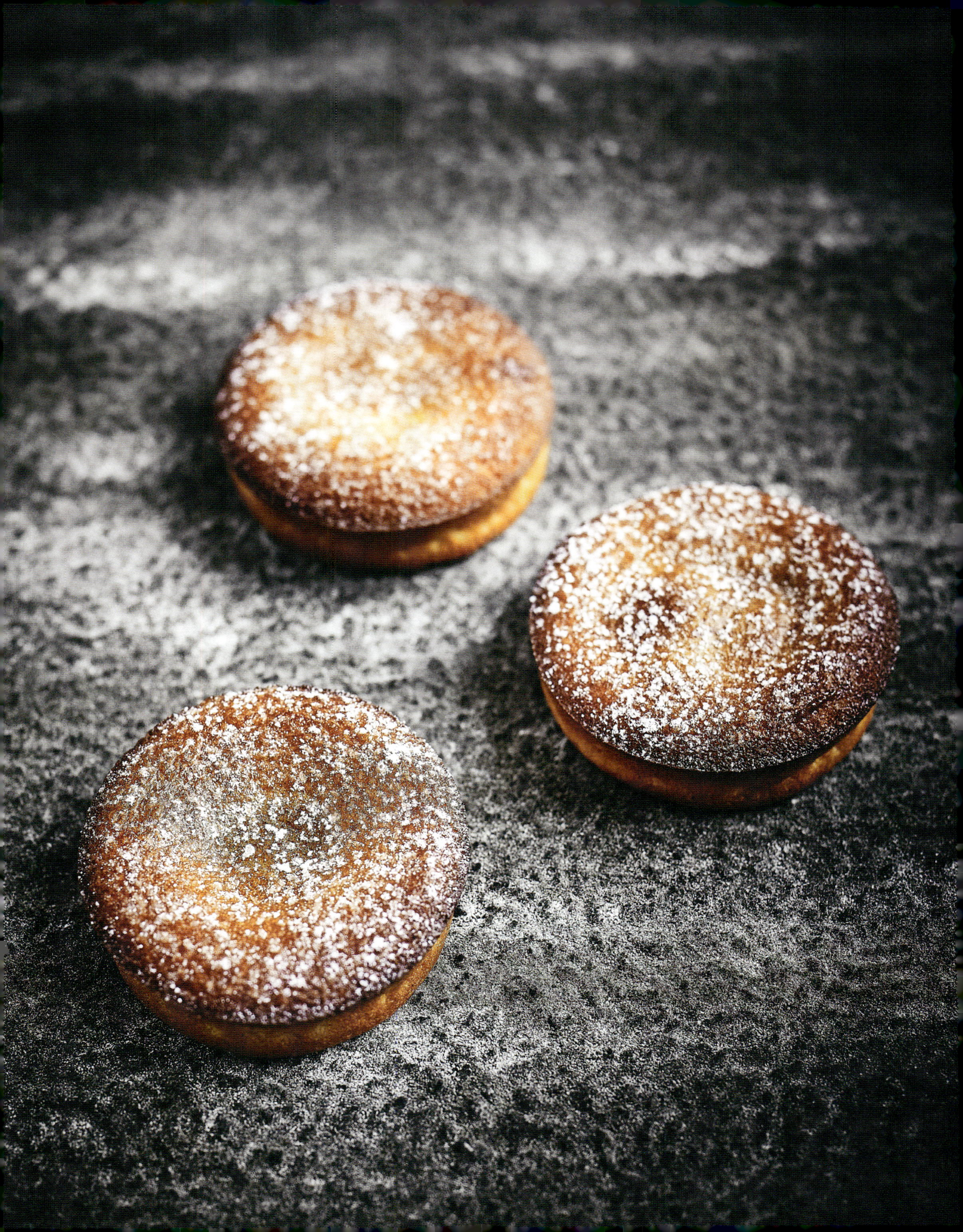

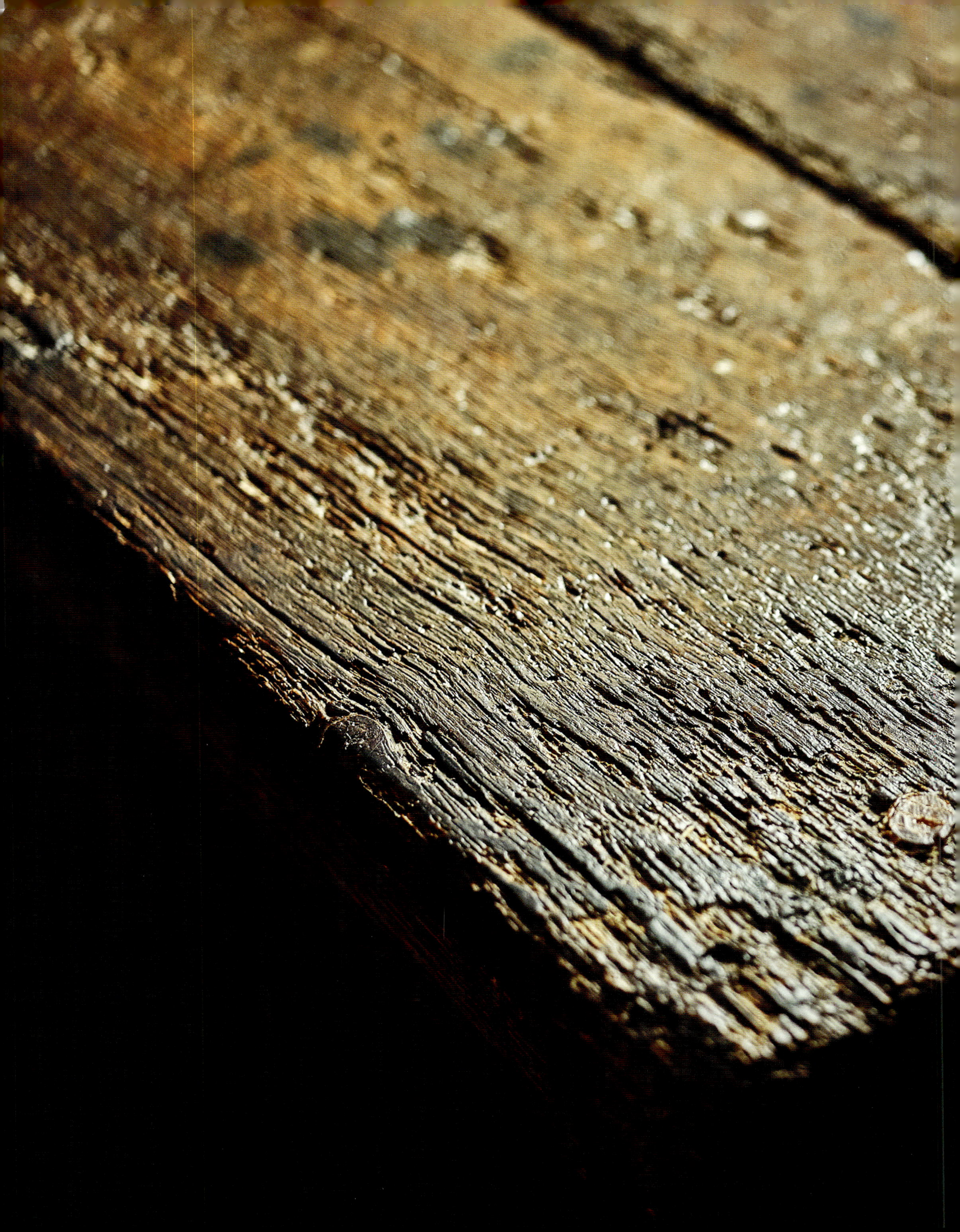

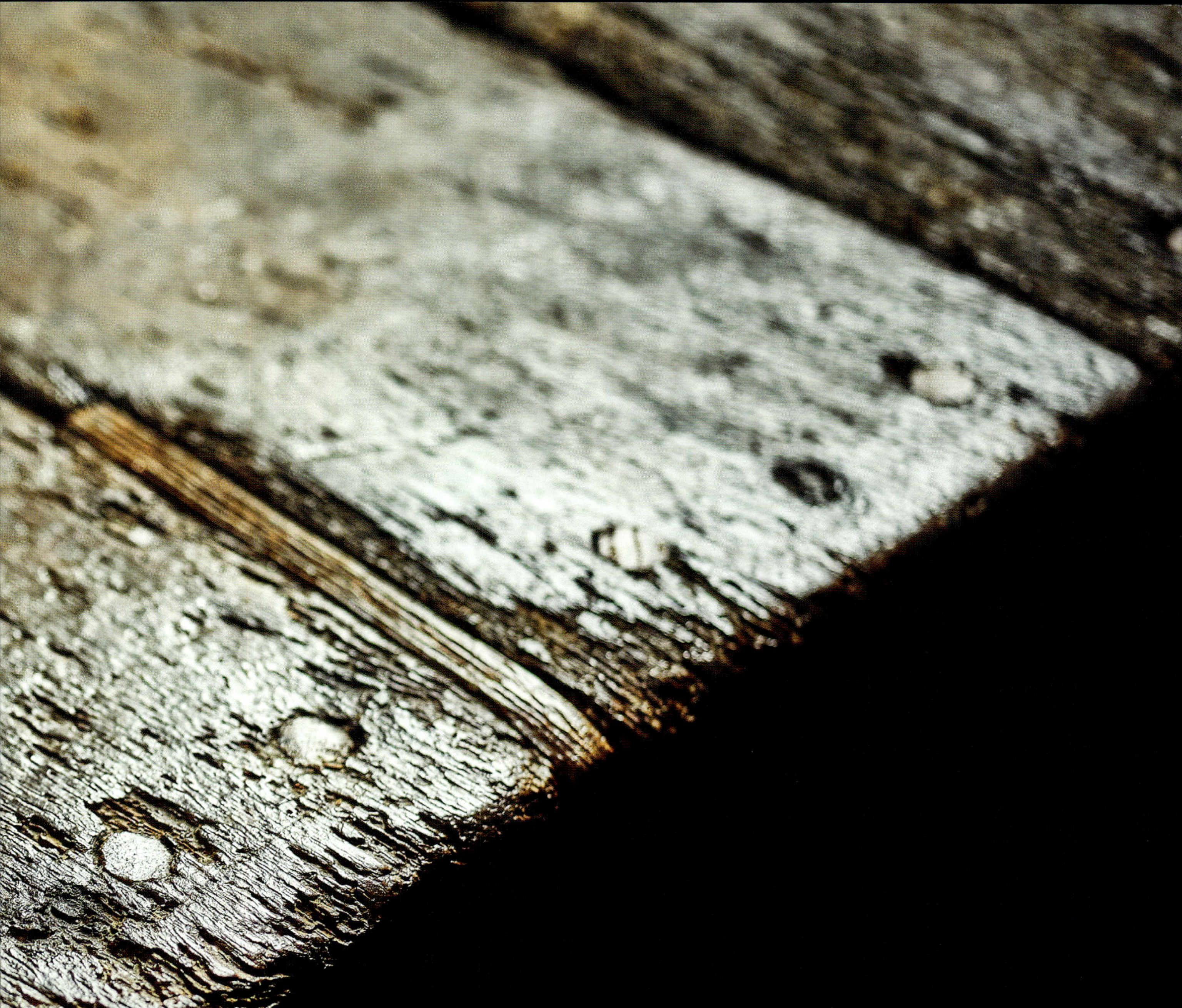

BANQUET

La plus franche cordialité ne cesse d'y régner. On en emporte le meilleur souvenir et on ne se sépare jamais sans s'être donné rendez-vous pour l'année prochaine. Un farceur doit dire : « Au banquet de la vie infortuné convive... », etc.

Dictionnaire des idées reçues

BOUDIN

Signe de gaieté dans les maisons. Indispensable la nuit de Noël.

Dictionnaire des idées reçues

Boudin blanc et darphin

Recette imaginée par Benjamin Bouloché, Café Victor – Hôtel de Dieppe 1880.

Pour 4 personnes – Préparation : 30 min – Cuisson : 30 min

4 boudins blancs
1 carotte

Pour le crémeux de carotte :
200 g de carottes
5 cl de crème fraîche entière
Sel et poivre du moulin

Pour le darphin de pommes de terre :
500 g de pommes de terre
100 g de beurre doux
Sel et poivre du moulin

Pelez et coupez les carottes en rondelles. Portez une casserole d'eau salée à ébullition. Versez les carottes et laissez cuire 20 min.

Pendant ce temps, faites cuire les boudins blancs au four à 180°C (th. 6) 20 min. Réservez.

Vérifiez la cuisson des carottes avec la pointe d'un couteau. Égouttez-les en conservant l'eau de cuisson. Dans le bol d'un blender, mixez-les avec 2 à 3 cuil. à soupe d'eau de cuisson et la crème. Salez, poivrez, mélangez puis réservez.

Épluchez, lavez et essuyez les pommes de terre. Râpez-les. Salez, poivrez puis mélangez. Dans une poêle bien chaude, faites cuire les pommes de terre râpées avec le beurre en les tassant un peu pour constituer une galette. Faites dorer de chaque côté puis enfournez à 180°C (th. 6) pendant 5 min. Pendant ce temps, épluchez et découpez la carotte en lamelles d'1 cm environ puis en forme de fleurs avec un petit emporte-pièce. Faites cuire 2 min dans une casserole d'eau bouillante salée. Égouttez.

Servez les boudins réchauffés et coupés en tronçons avec une part de darphin et quelques pointes de crémeux de carotte. Décorez d'une feuille de salade, d'une fleur de carotte et de quelques brins de verdure.

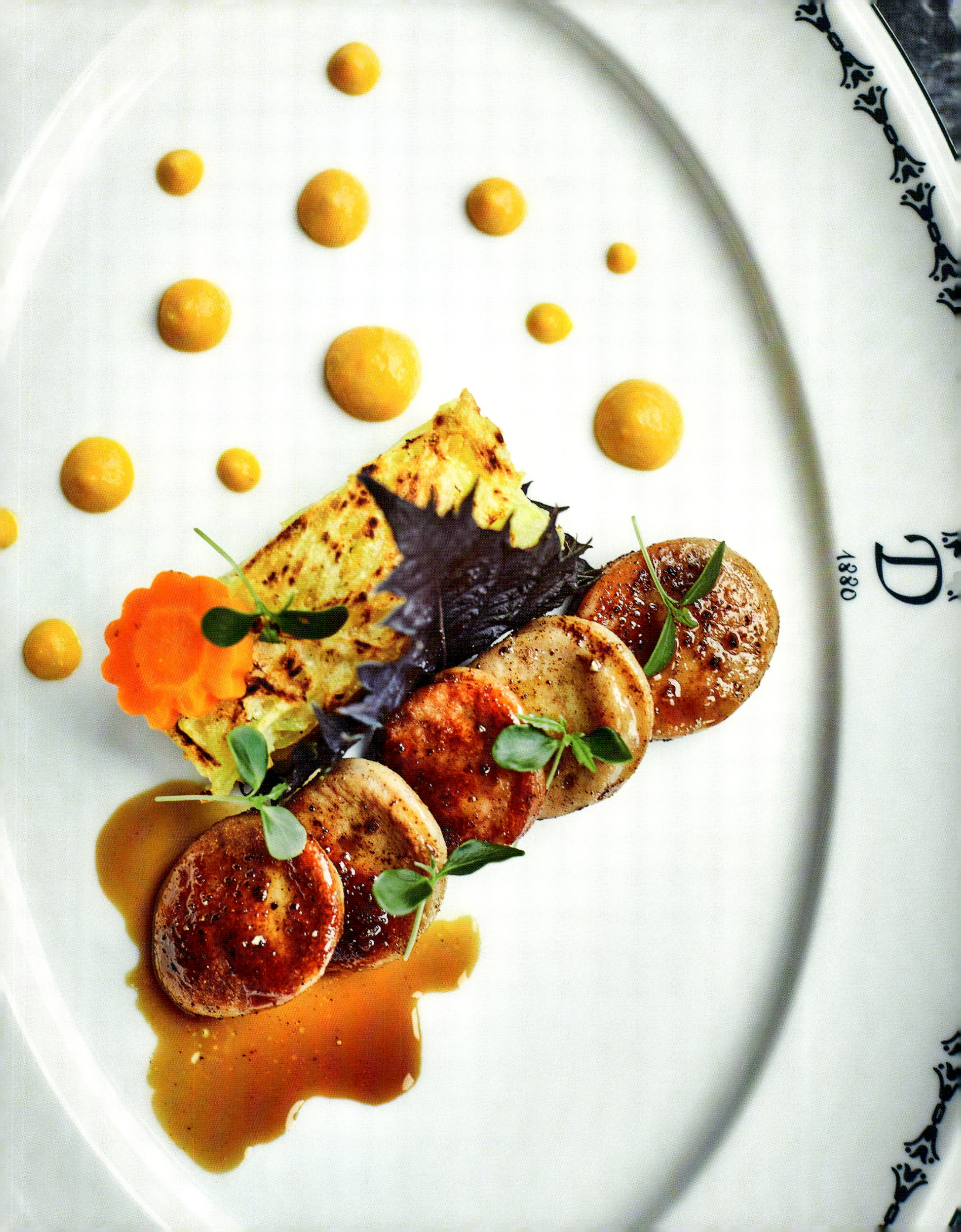
D
1880

CANARD

Tous viennent de Rouen. N'est bon qu'avec des navets.

Dictionnaire des idées reçues

« J'ai créé cette recette en 1933, lorsque, jeune intendant à bord du paquebot *Félix-Faure,* je traitais les membres du Rotary-Club du Havre, et je me suis inspiré de la recette du Caneton Rouennais, conçue par Louis Convert, Chef des cuisines de S.M. Édouard VII et propriétaire du restaurant de la Cathédrale, à Rouen. C'est là que j'ai eu l'avantage de faire mon apprentissage de cuisinier. »

Le Caneton Rouennais « Félix-Faure » de Michel Guéret

Canard au sang

Recette imaginée par Benjamin Bouloché, Café Victor - Hôtel de Dieppe 1880.

Pour 4 personnes – Préparation : 1 h – Cuisson : 1 h 30

1 caneton rouennais de 2 kg (étouffé et non saigné)
1 bouteille de Beaune rouge
50 cl de fond de veau
½ citron
200 g de beurre doux
1 verre de porto
3 verres de cognac
250 g d'échalotes hachées
Mélange de 4 épices
Thym
Sel, poivre du moulin

Préparez un fond « bordelais » en faisant réduire le vin de Beaune avec l'échalote et le thym, salez, poivrez. Mouillez avec le fond de veau. Cette « bordelaise » doit être fortement aromatisée aux 4 épices. Laissez cuire sur feu doux pendant 1 h. Elle doit se lier naturellement.

Le caneton étant vidé, hachez le foie et le cœur. Passez le tout au chinois, puis versez dans ce même chinois la sauce « bordelaise ». Le fond rouennais est prêt.

Faites saisir le caneton à la broche ou au four pendant 17 à 18 min. Faites flamber le verre de cognac dans une petite sauteuse. Versez le fond rouennais, laissez chauffer presque à ébullition, ajoutez le jus du demi-citron, le verre de porto et montez avec le beurre. Remuez au fouet pour obtenir une sauce onctueuse.

Dressez à l'assiette le caneton découpé en aiguillettes ou en pavés. Accompagnez de légumes de saison juste rôtis et le fond rouennais lié avec la carcasse pressée.

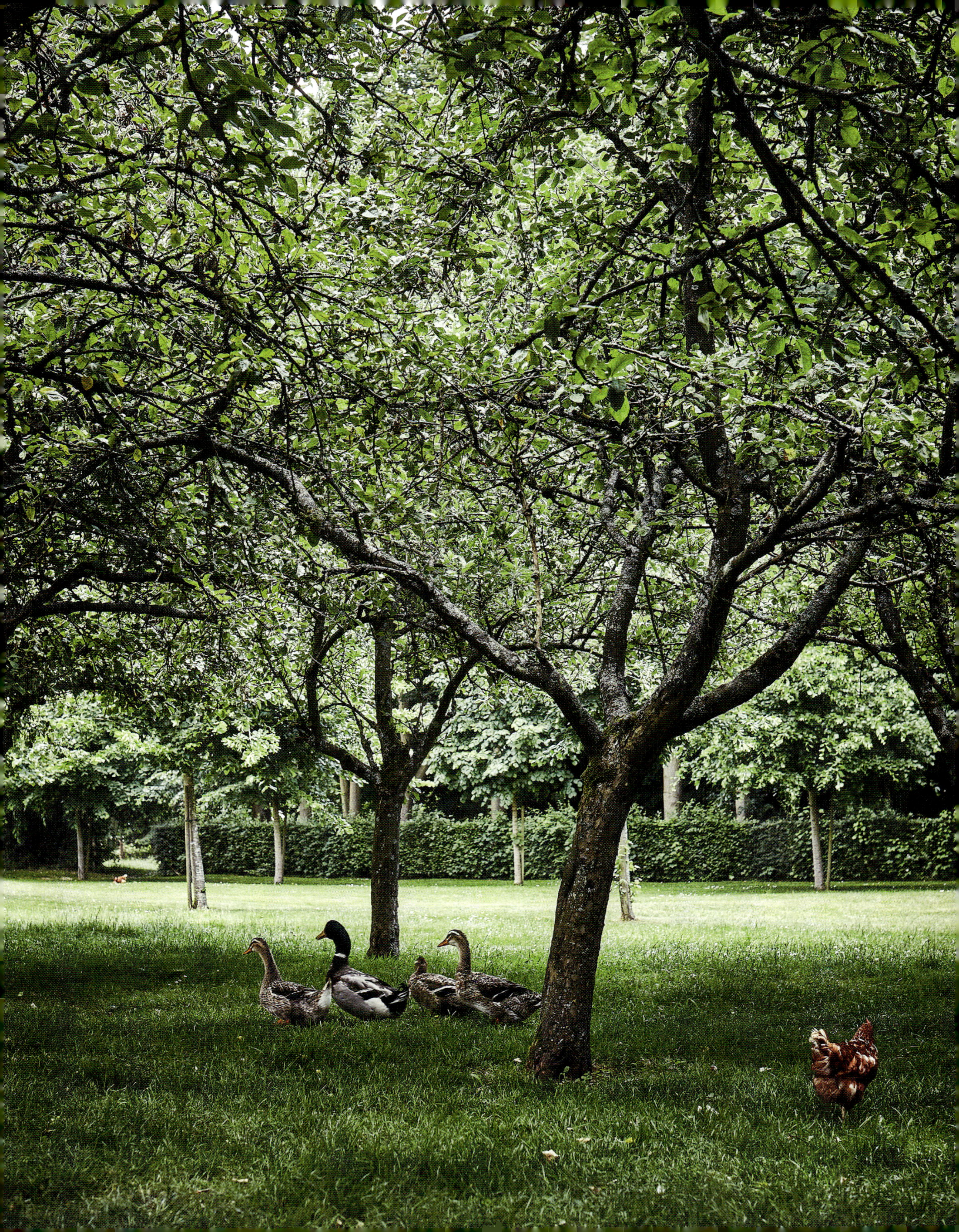

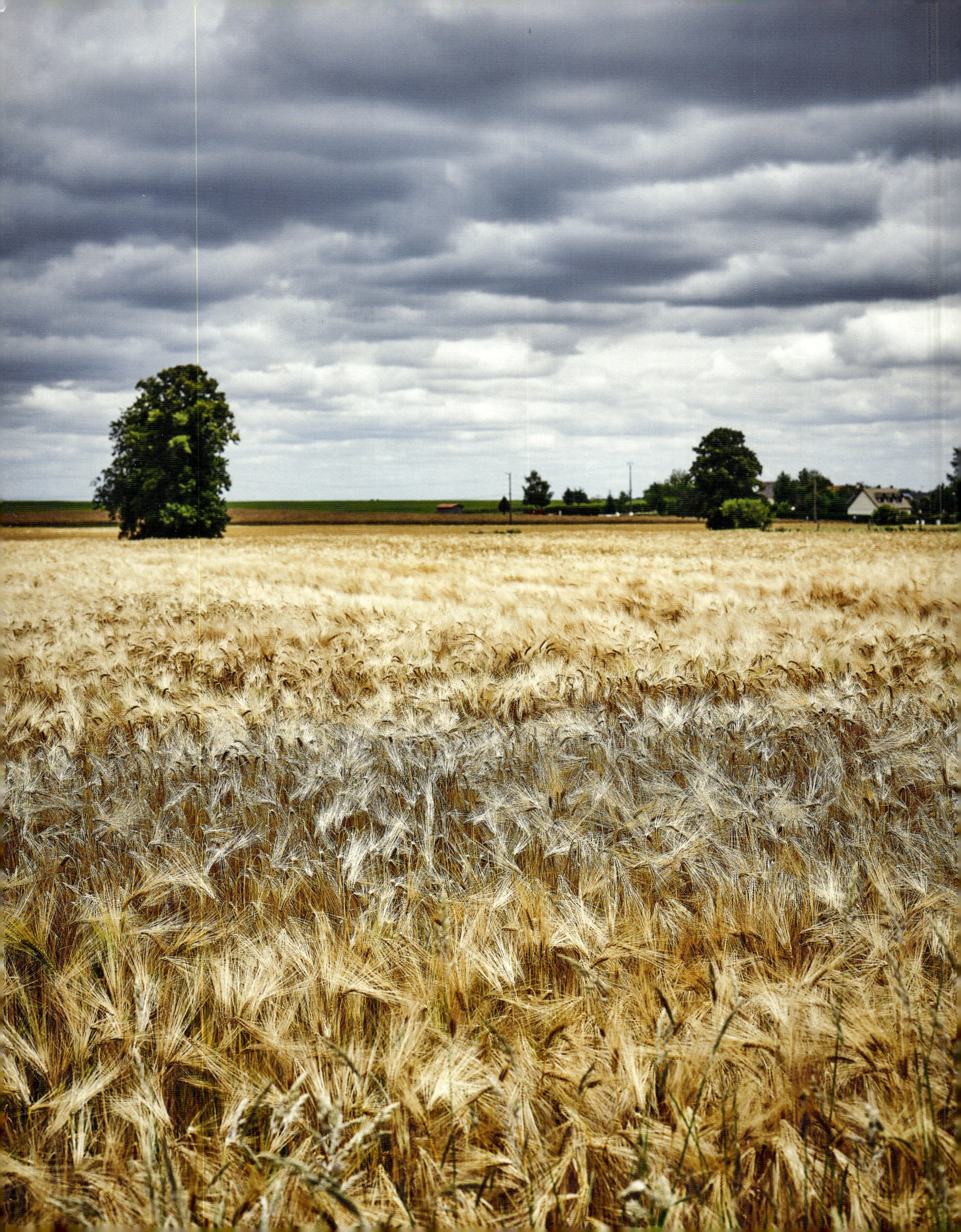

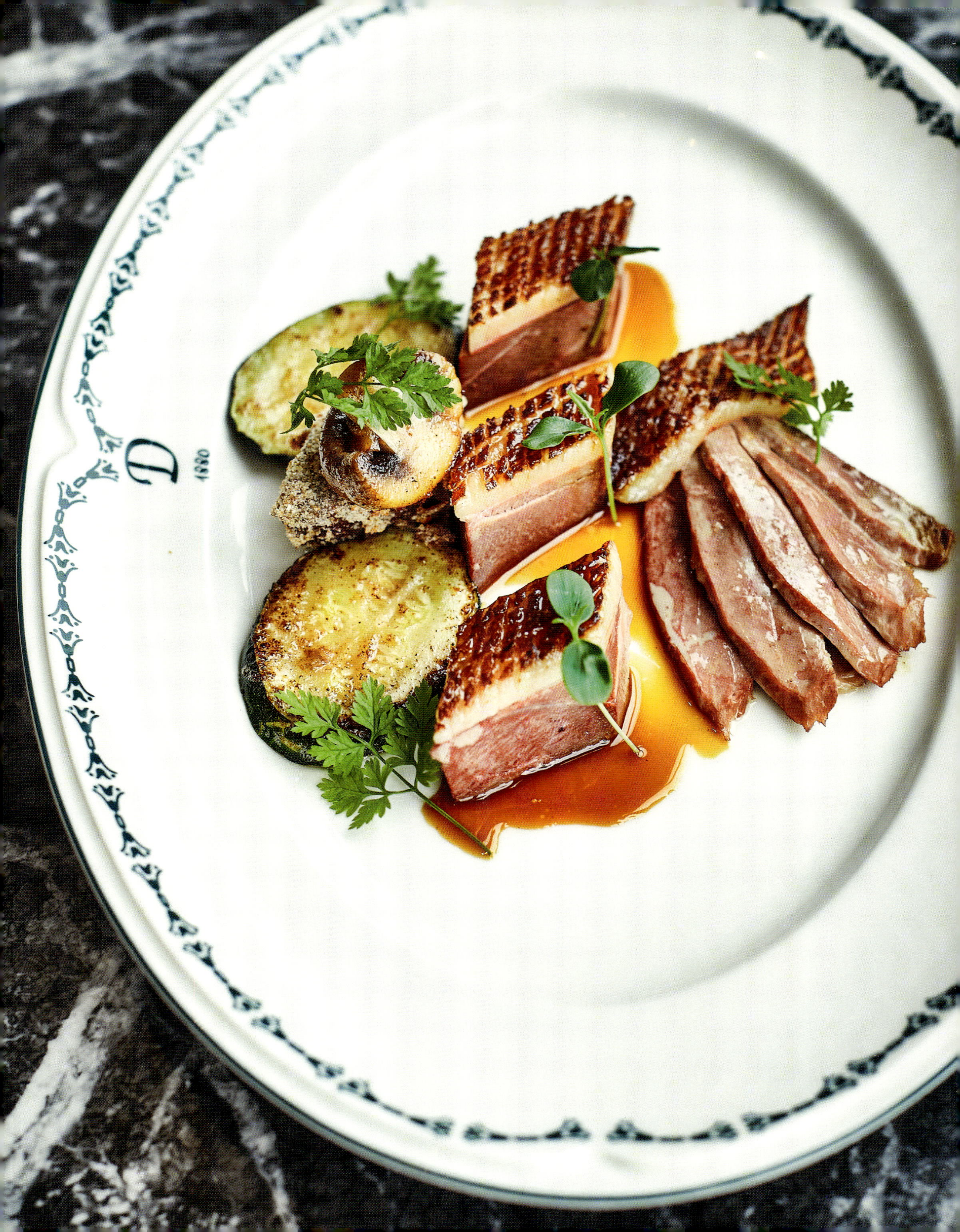
D
1880

CUISINE

De restaurant : toujours échauffante. Bourgeoise : toujours saine. Du Midi : trop épicée ou tout à l'huile.

Dictionnaire des idées reçues

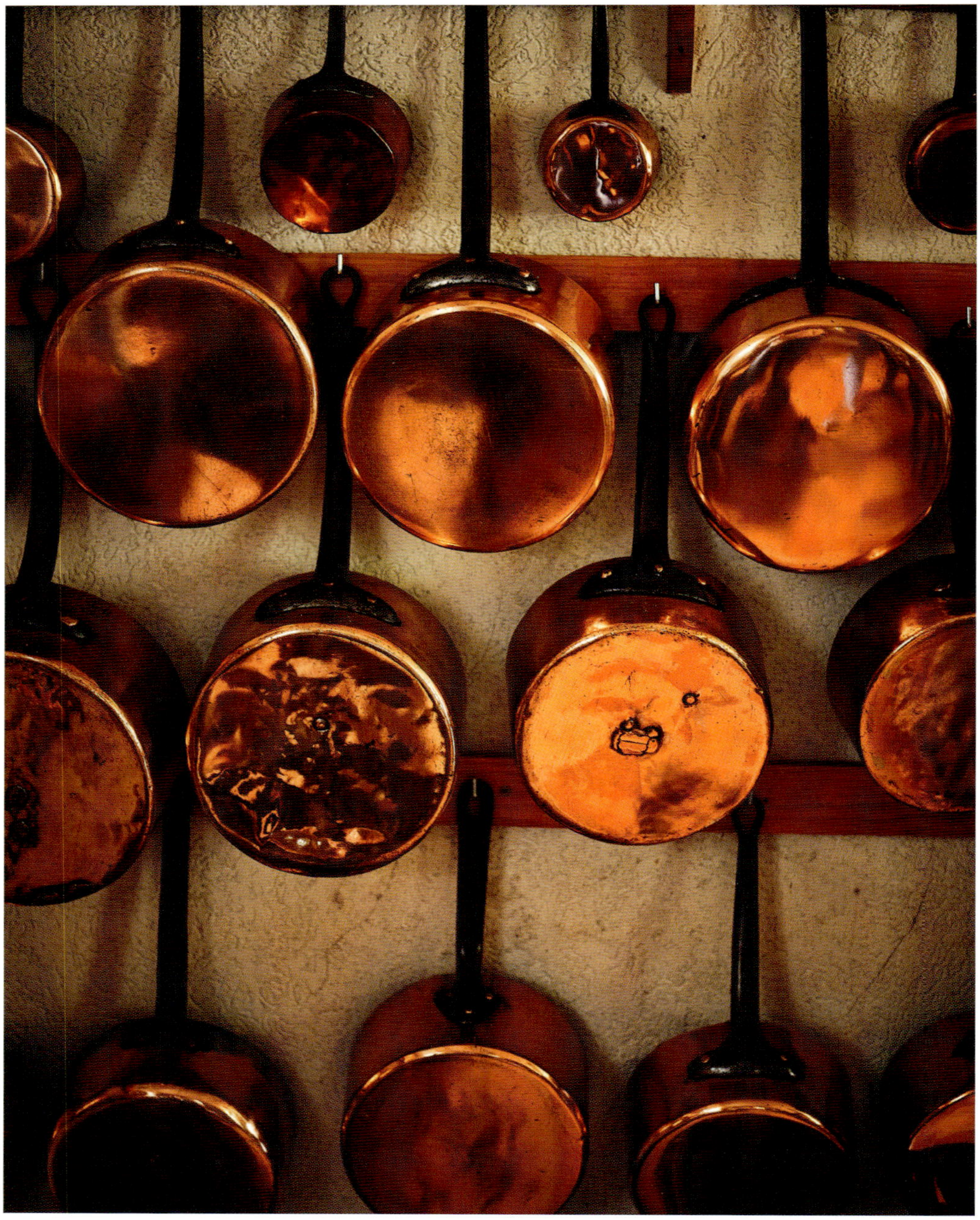

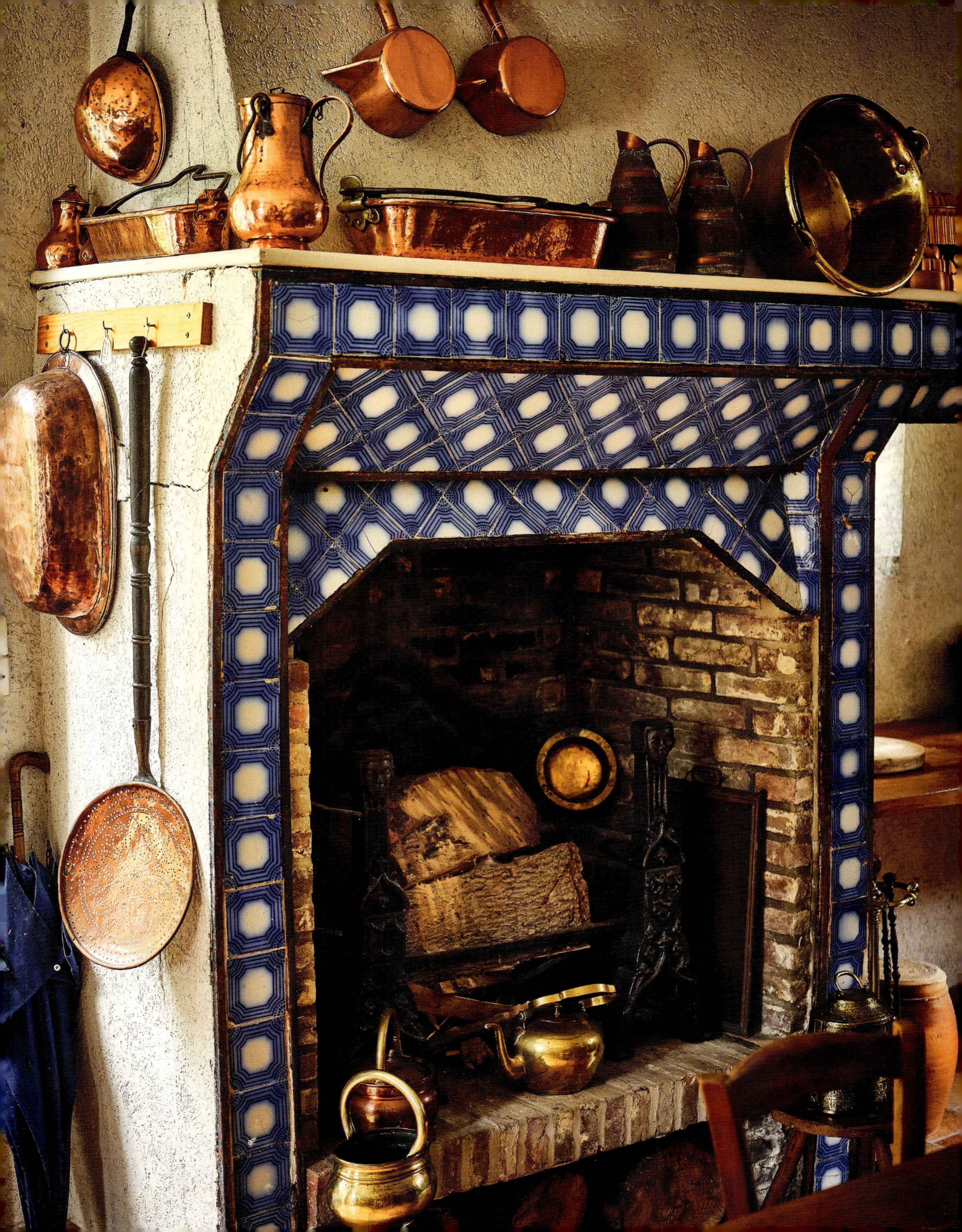

DESSERT

Regretter qu'on n'y chante plus. Les gens vertueux le méprisent : « Non ! non ! pas de pâtisseries ! Jamais de dessert ! »

Dictionnaire des idées reçues

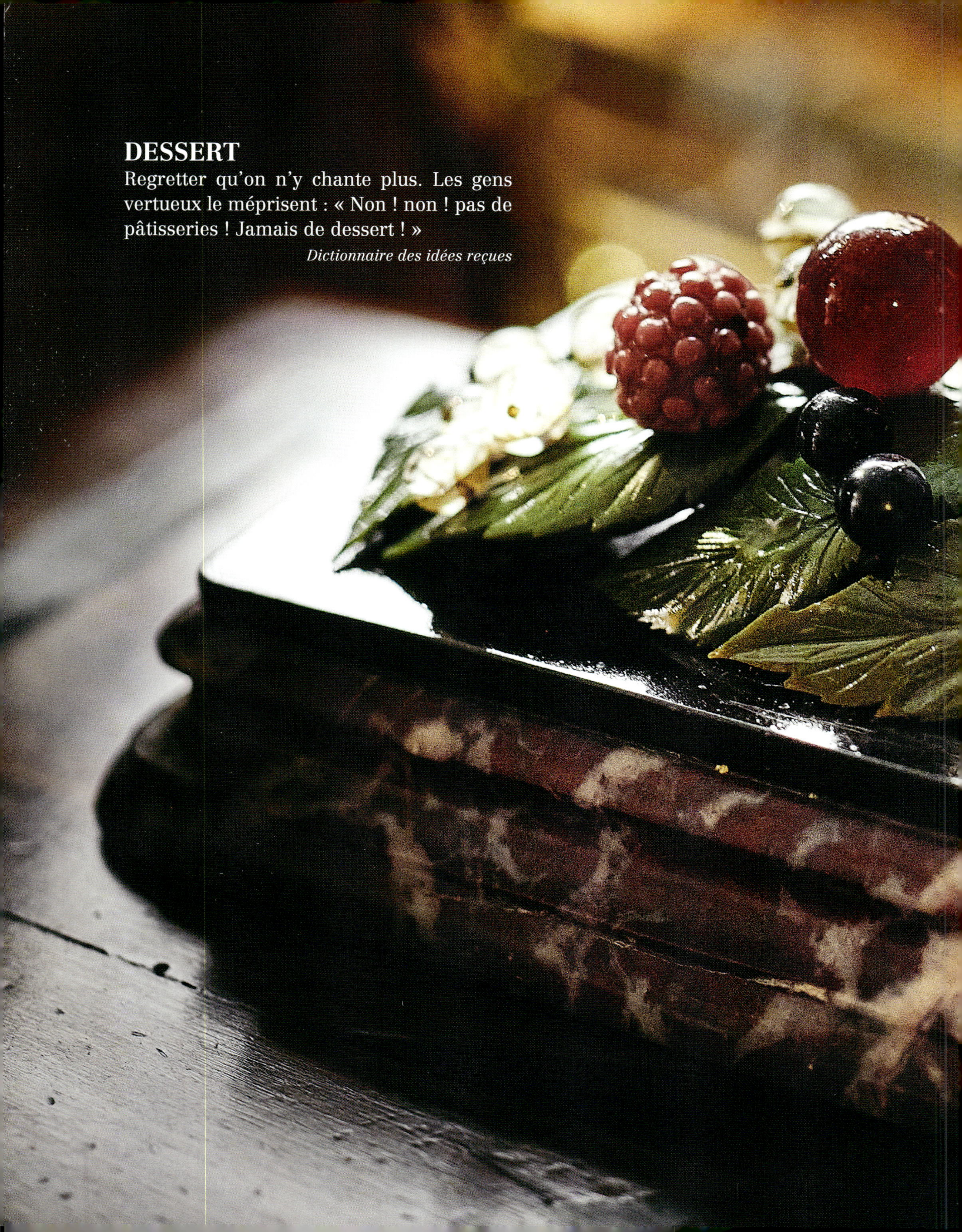

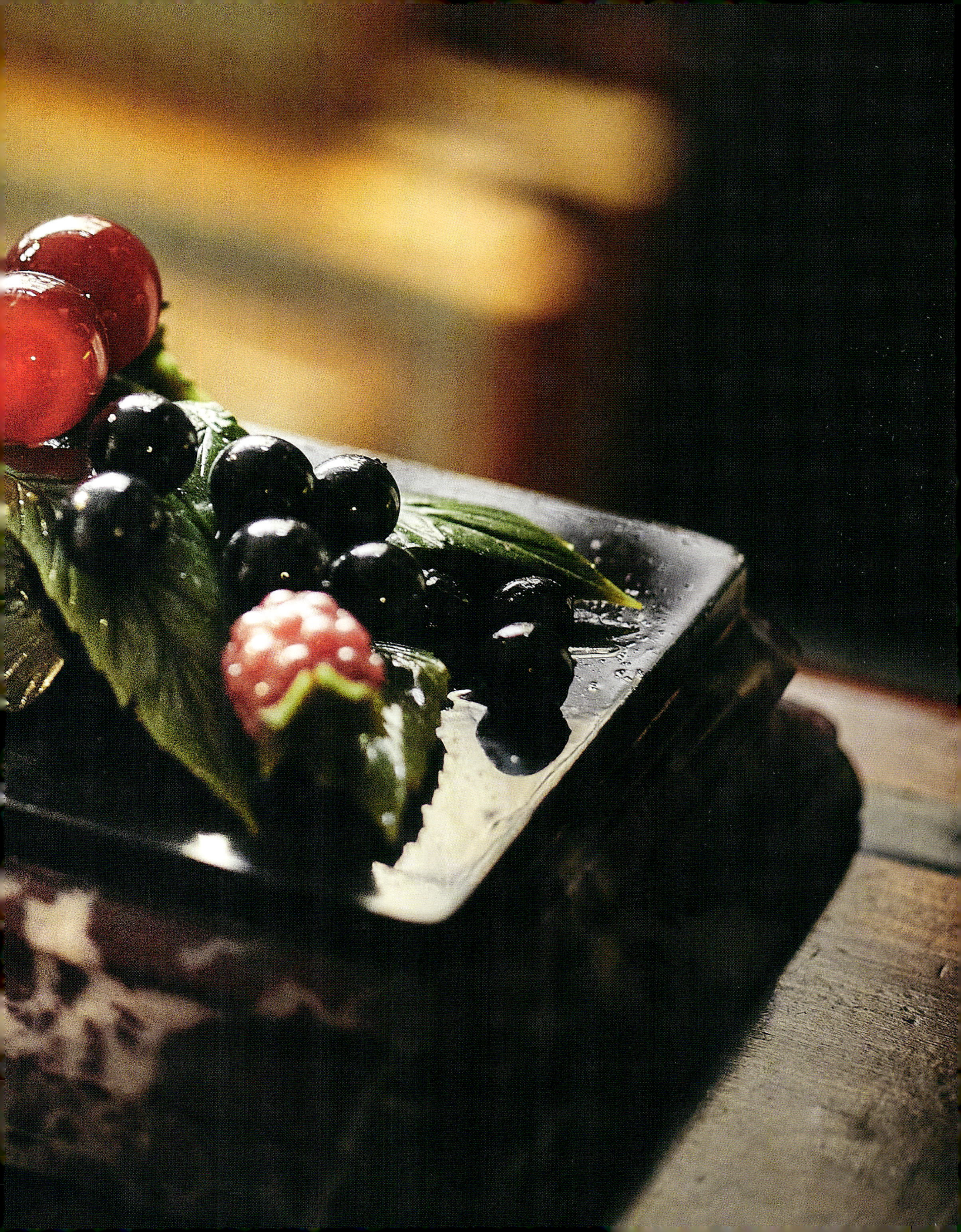

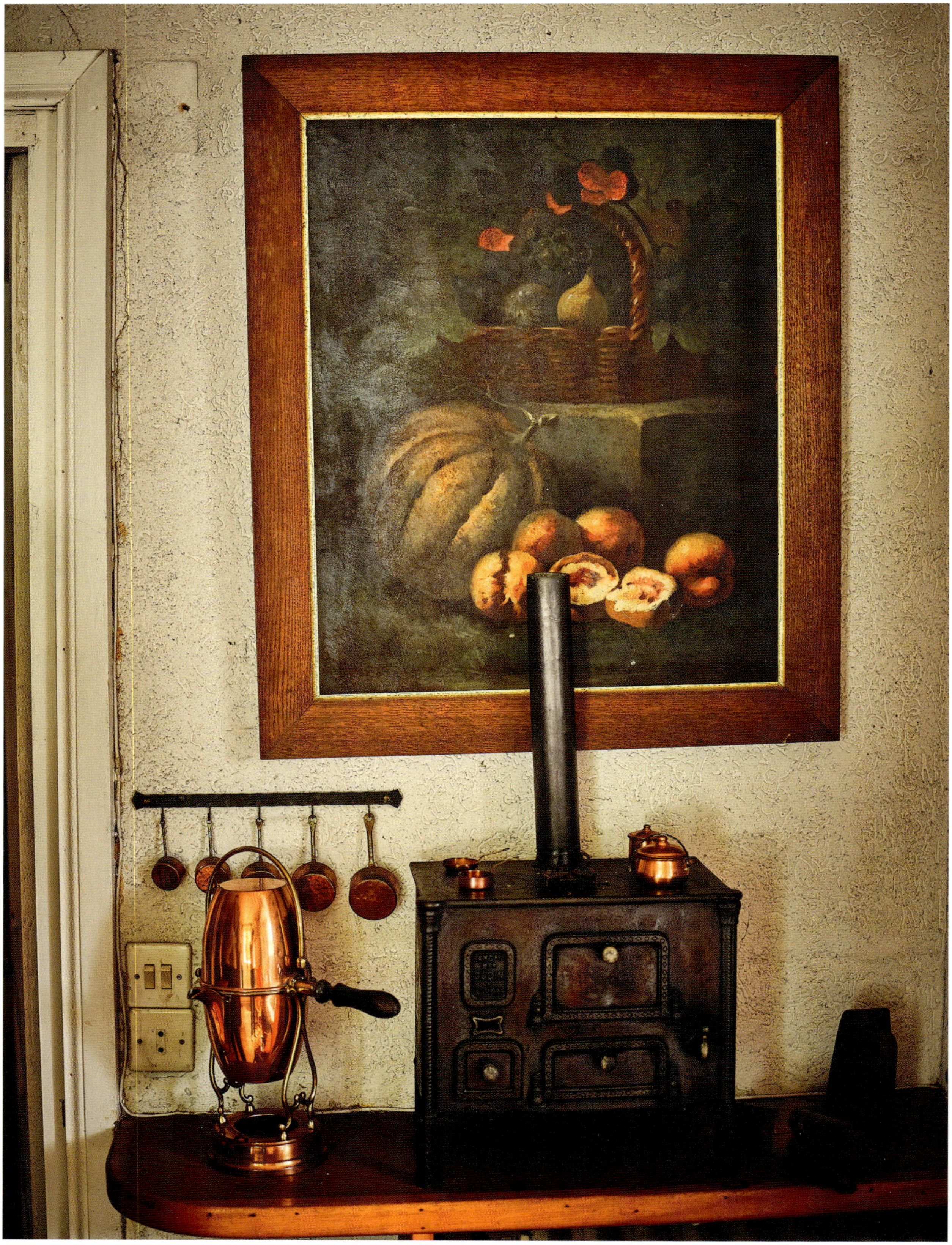

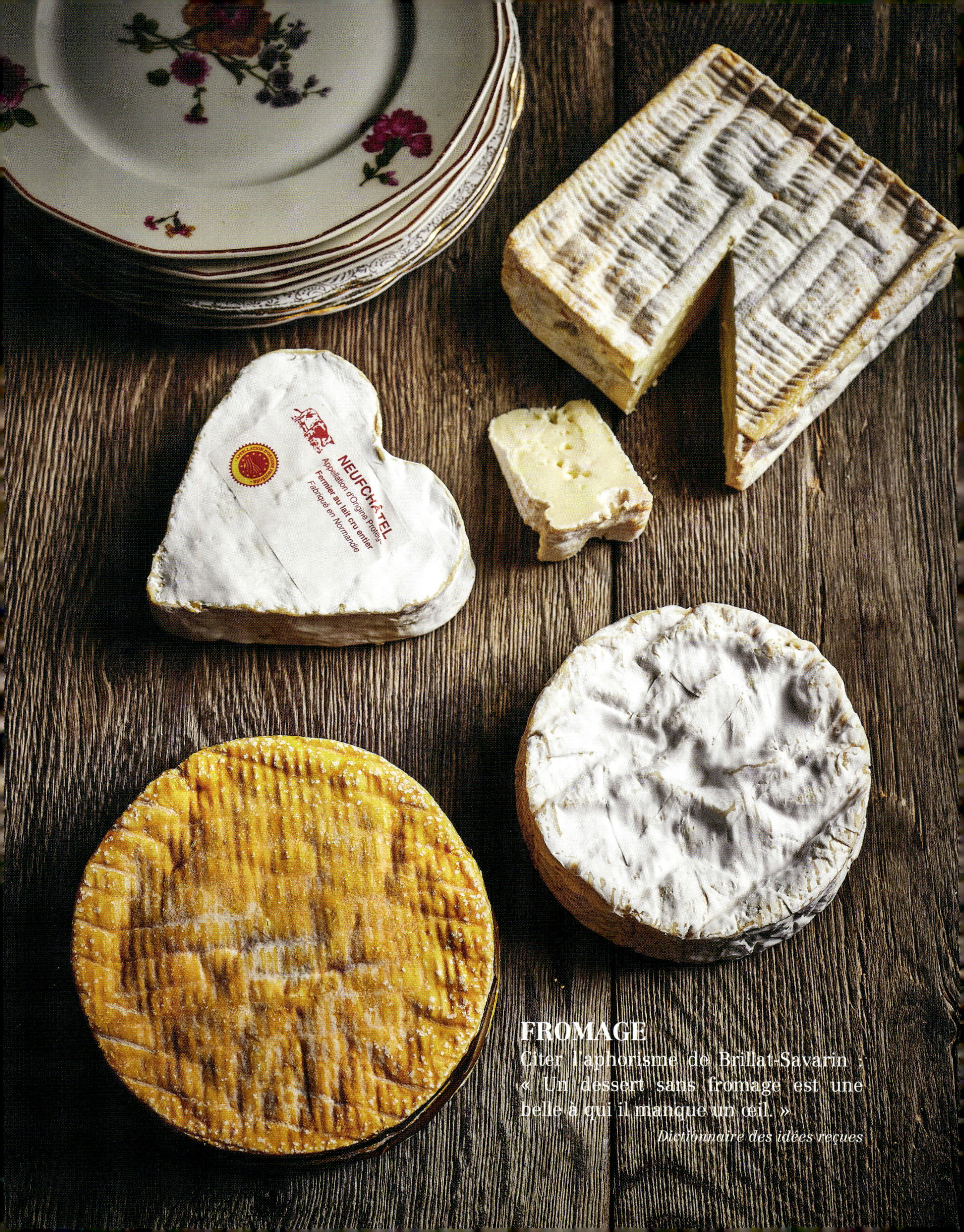

FROMAGE

Citer l'aphorisme de Brillat-Savarin : « Un dessert sans fromage est une belle à qui il manque un œil. »

Dictionnaire des idées reçues

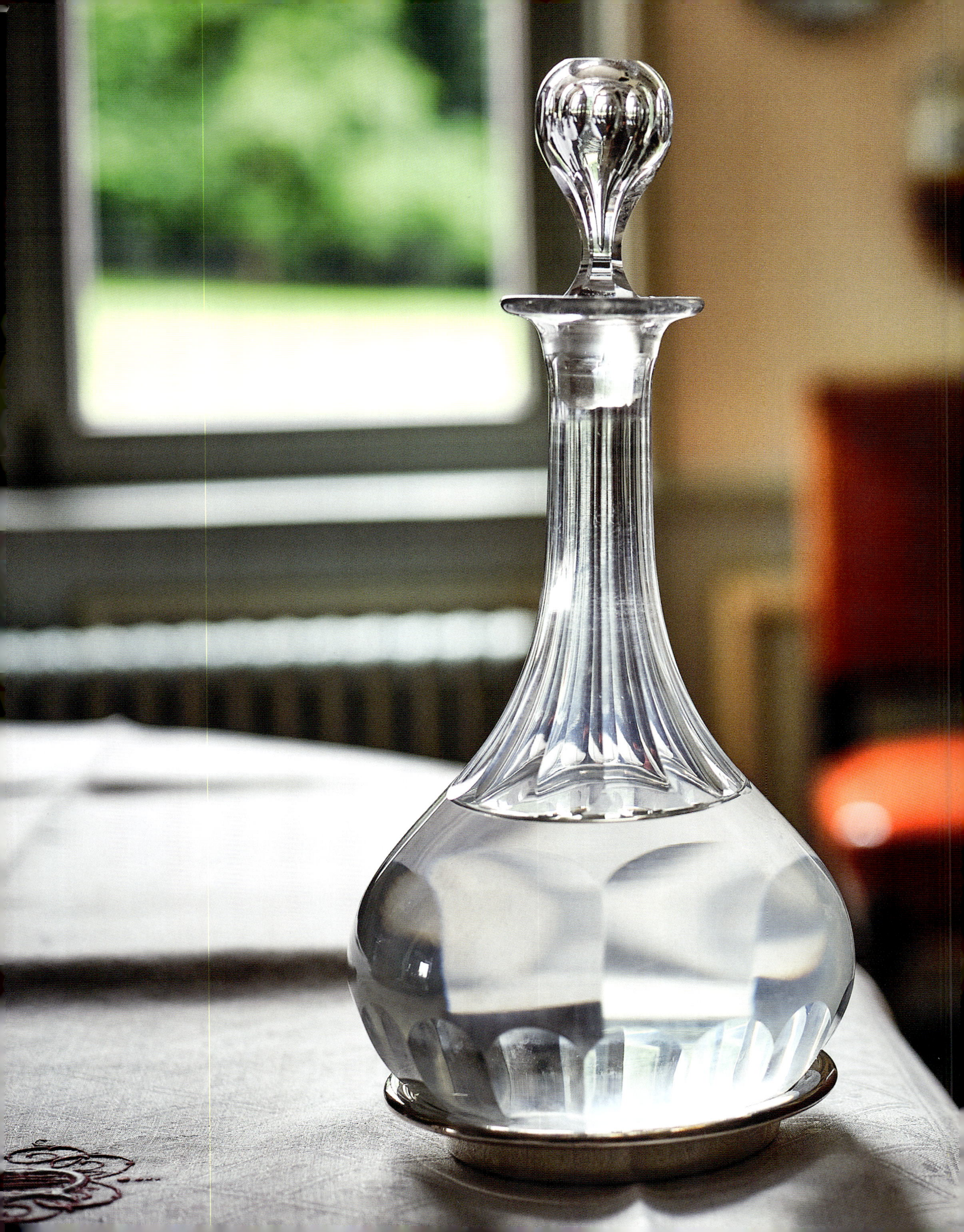

DÎNER

Autrefois on dînait à midi, maintenant on dîne à des heures impossibles. Le dîner de nos pères était notre déjeuner, et notre déjeuner était leur dîner. Dîner si tard que ça ne s'appelle pas dîner, mais souper.

Dictionnaire des idées reçues

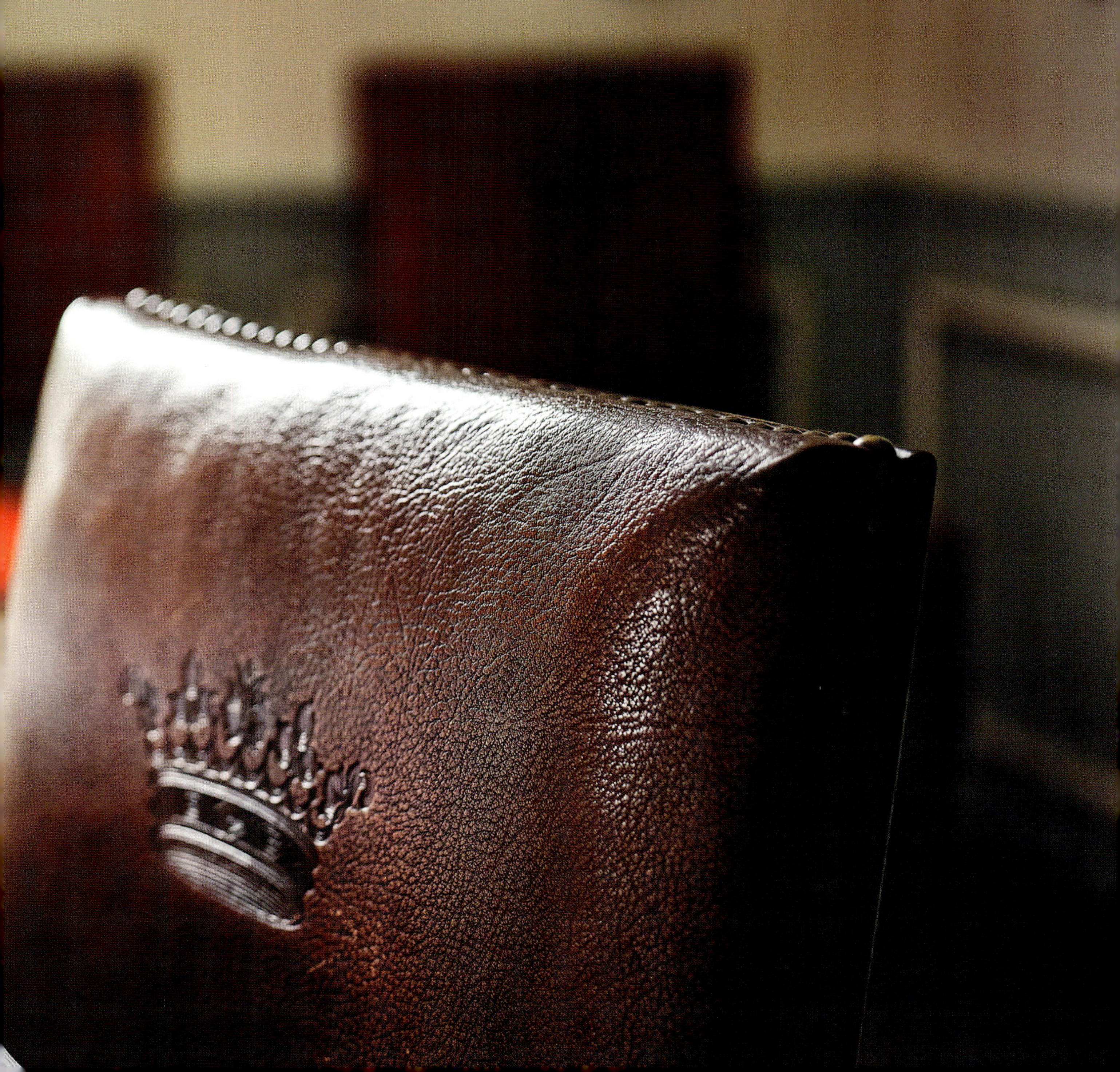

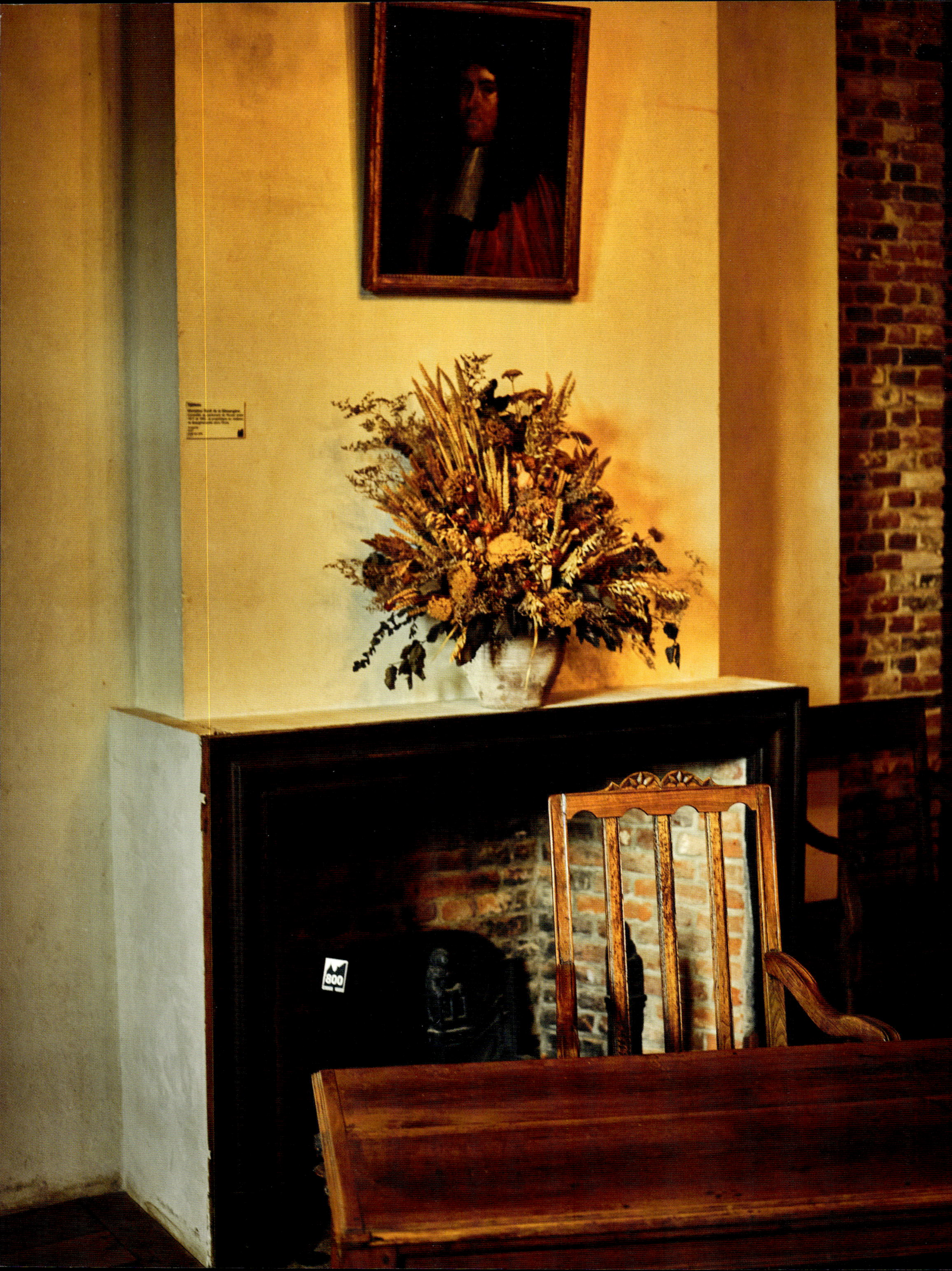

RESTAURANT

On doit toujours y demander les mets qu'on ne mange pas habituellement chez soi. Quand on est embarrassé, il suffit de choisir les plats que l'on sert aux voisins. *Dictionnaire des idées reçues*

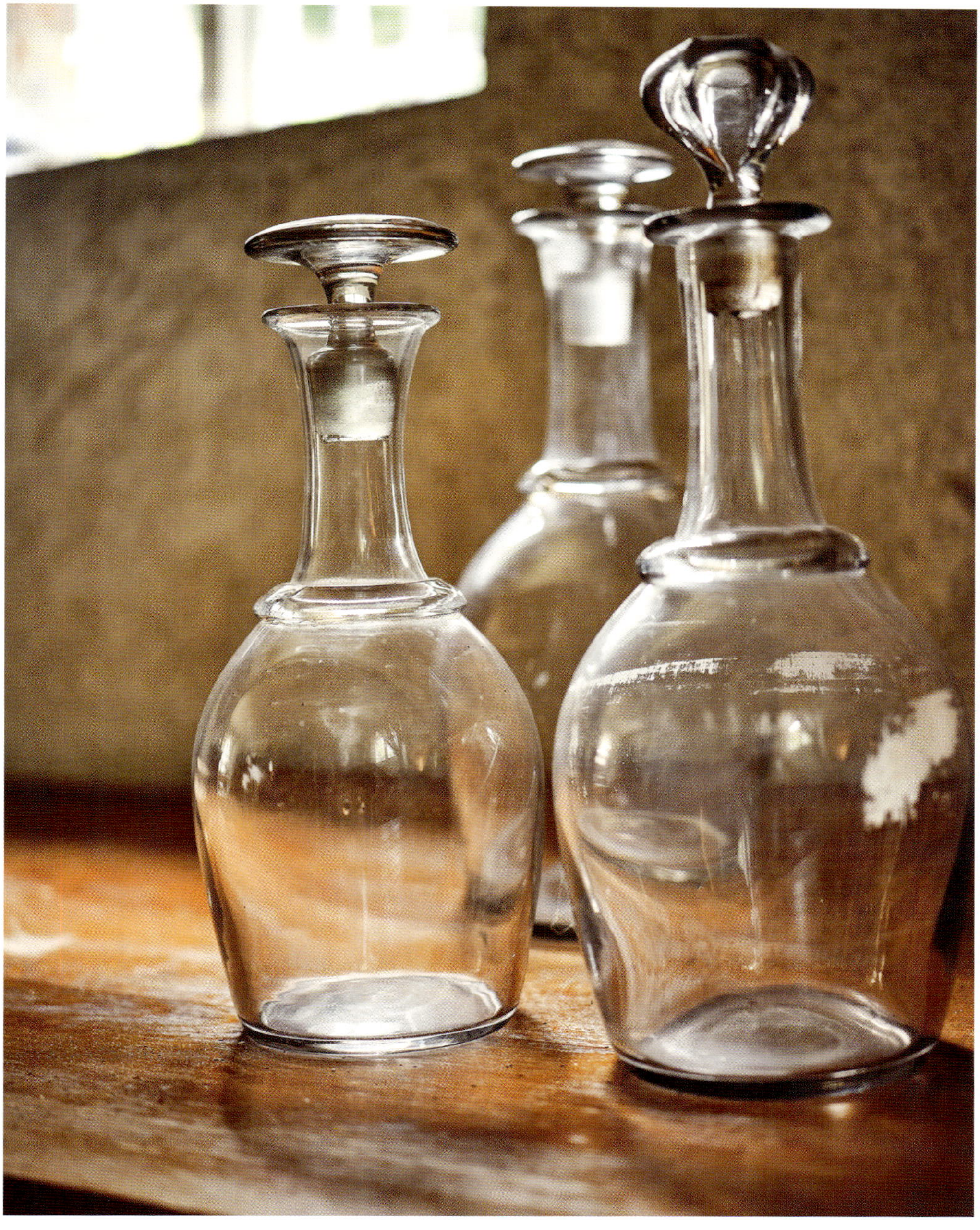

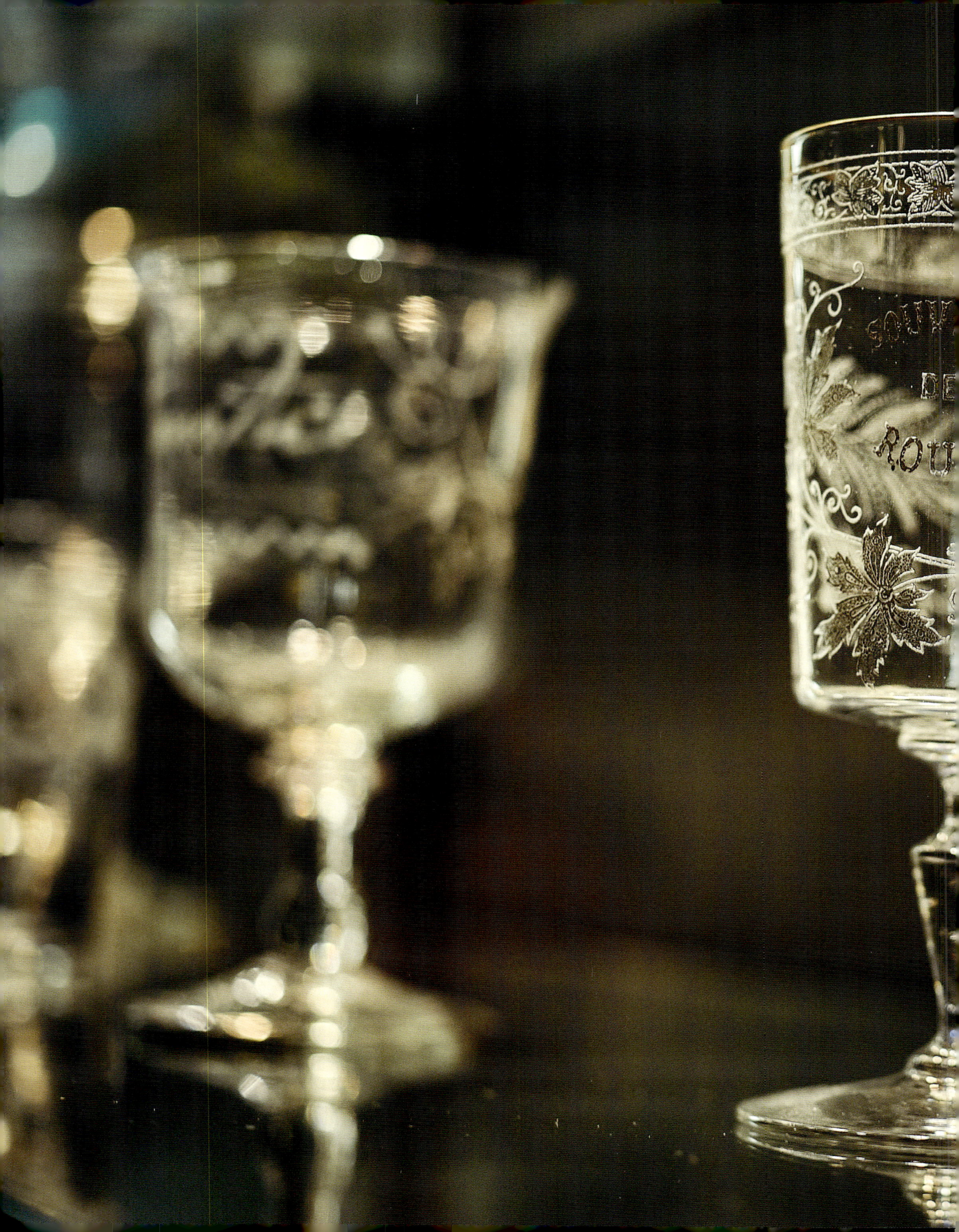

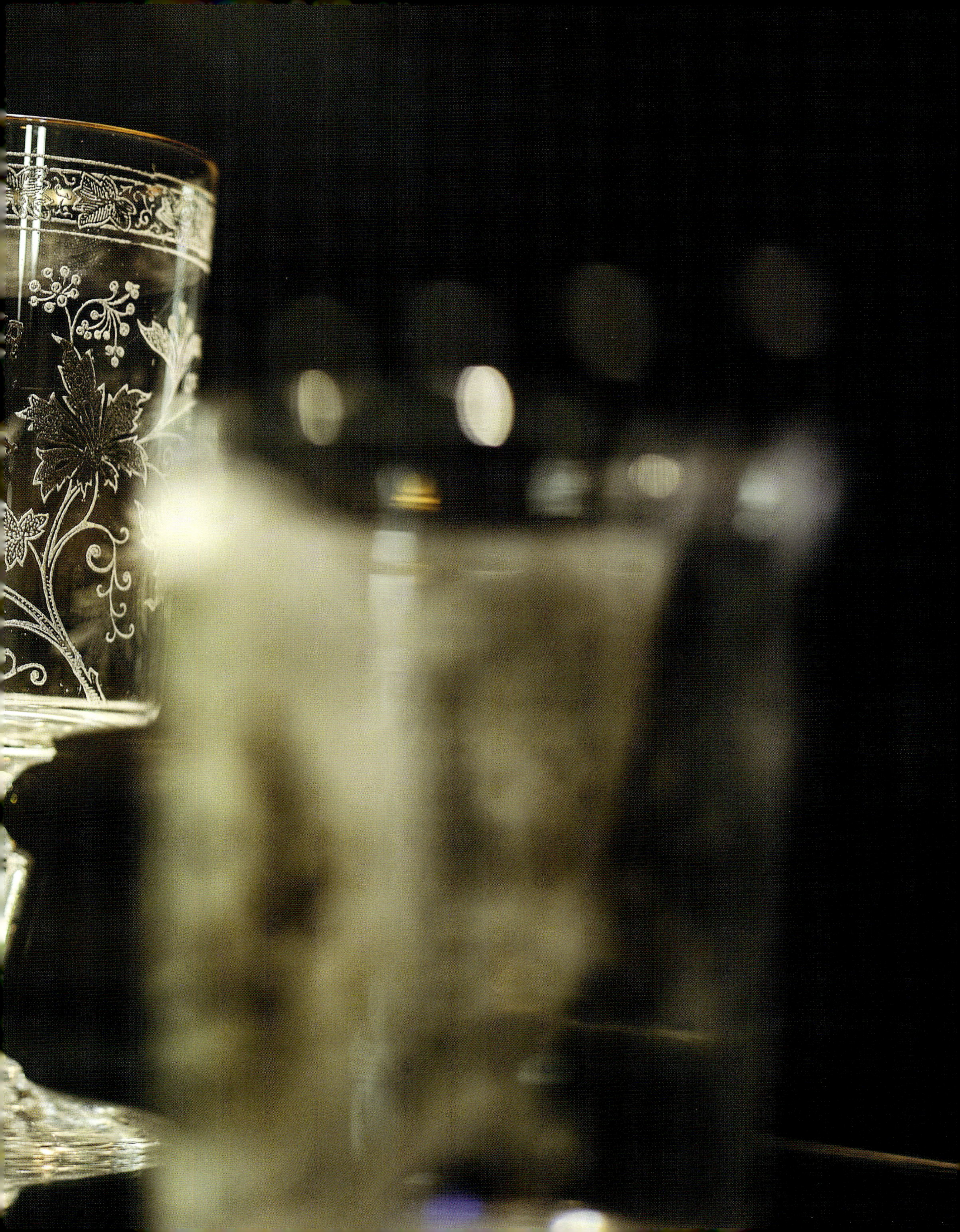

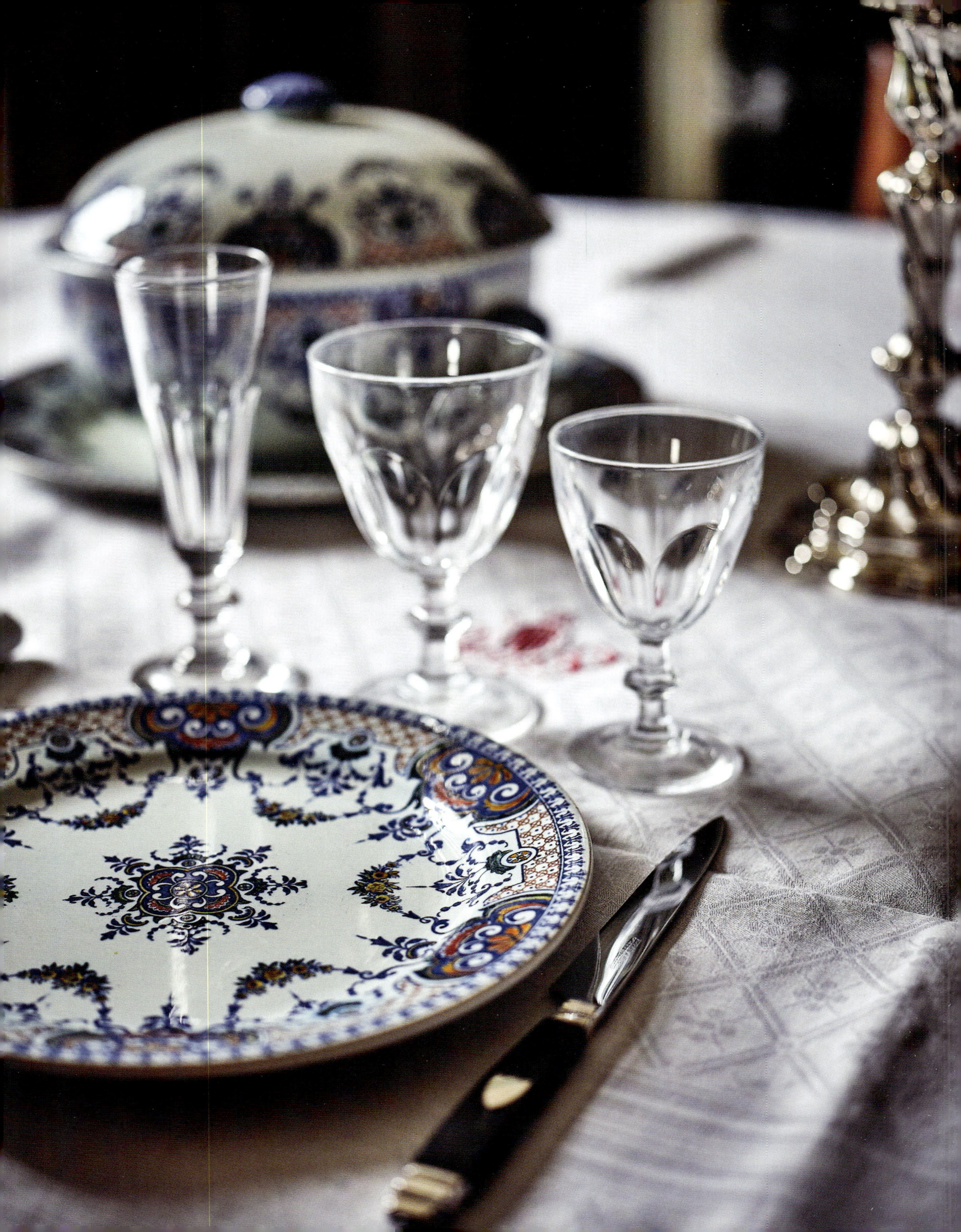

L'art de vivre à la française à l'époque flaubertienne

Extrait de *L'Éducation sentimentale*

« Un domestique en longues guêtres ouvrit la porte et l'on aperçut la salle à manger avec sa haute plinthe en chêne relevé d'or et ses deux dressoirs chargés de vaisselle. Les bouteilles de vin chauffaient sur le poêle ; les lames des couteaux neufs miroitaient près des huîtres ; il y avait dans le ton laiteux des verres mousseline comme une douceur engageante et la table disparaissait sous du gibier, des fruits, des choses extraordinaires. »

« Ne s'agit-il pas, en fin de compte, de rivaliser avec le vicomte de Cisy qui, lorsqu'il reçoit à son tour, sait mettre les petits plats dans les grands ? »

« À huit heures, on passa dans une salle éclairée magnifiquement et trop spacieuse pour le nombre des convives. Cisy l'avait choisie par pompe, tout exprès.

Un surtout de vermeil, chargé de fleurs et de fruits, occupait le milieu de la table, couverte de plats d'argent, suivant la vieille mode française ; des raviers, pleins de salaisons et d'épices, formaient bordure tout autour ; des cruches de vin rosat frappé de glace se dressaient de distance en distance ; cinq verres de hauteur différente étaient alignés devant chaque assiette, avec des choses dont on ne savait pas l'usage, mille ustensiles de bouche ingénieux ; – et il y avait, rien que pour le premier service : une hure d'esturgeon mouillée de champagne, un jambon d'York au tokay, des grives au gratin, des cailles rôties, un vol-au-vent Béchamel, un sauté de perdrix rouges et, aux deux bouts de tout cela, des effilés de pommes de terre qui étaient mêlés à des truffes. Un lustre et des girandoles illuminaient l'appartement, tendu de damas rouge. Quatre domestiques en habit noir se tenaient derrière les fauteuils de maroquin. À ce spectacle, les convives se récrièrent, le Précepteur surtout.

— Notre amphitryon, ma parole, a fait de véritables folies ! C'est trop beau !

— Ça ? dit le vicomte de Cisy, allons donc ! »

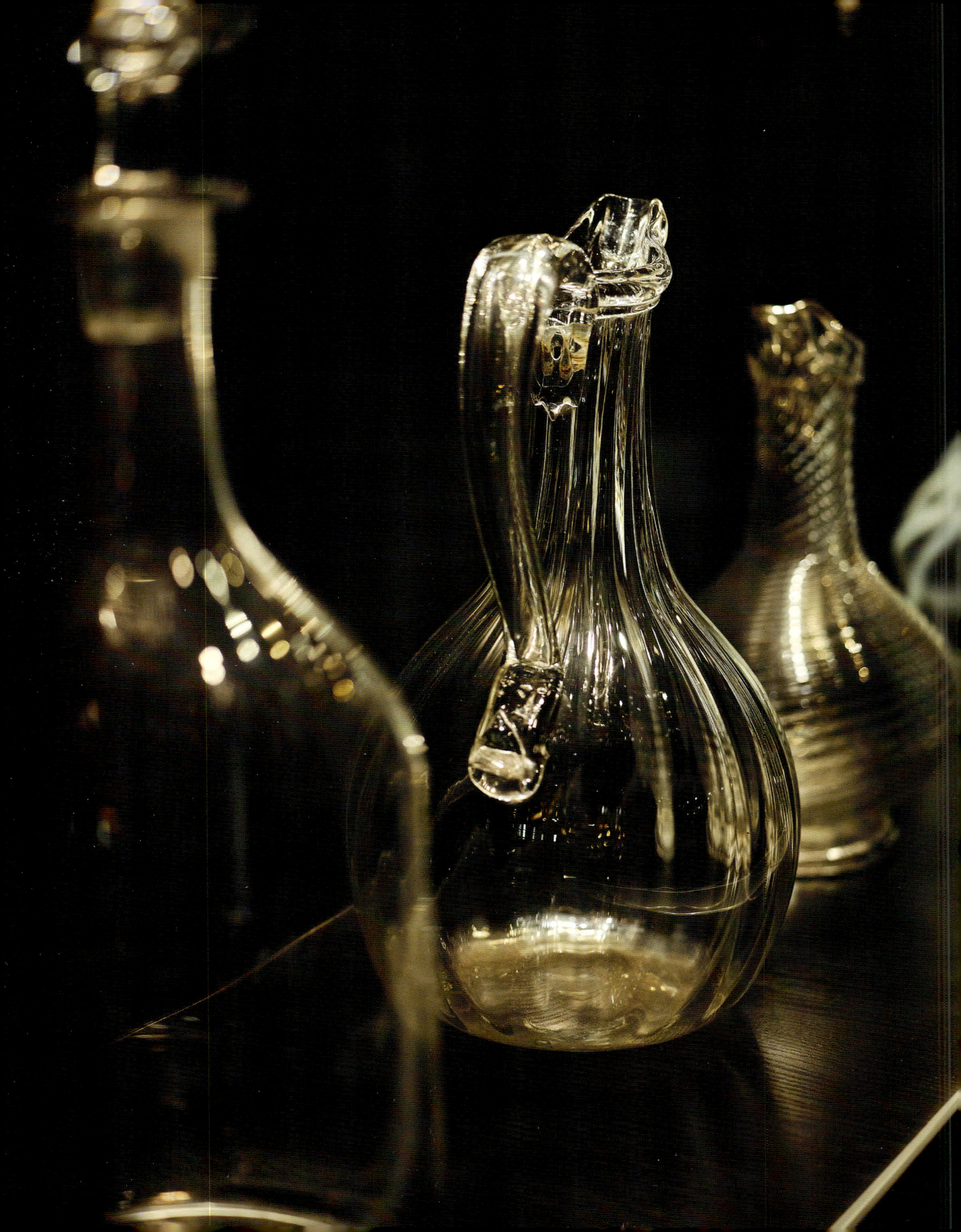

Pendant la Première Restauration, on a pu observer une véritable explosion de l'art de la table allant de pair avec un essor considérable de la gastronomie, grâce entre autres à Brillat-Savarin, le célèbre auteur culinaire. Le mode de vie est plus bourgeois sous Louis-Philippe, d'ailleurs surnommé « le Roi bourgeois ». Professeur en Angleterre, il tombe sous le charme de la manière de vivre Outre-Manche. Dans les châteaux anglais à la fin du XVIIIe siècle, le confort est devenu une priorité. Les premières salles à manger arrivent sur le continent via l'aristocratie à la toute fin de ce siècle, avec les premières tables en bois d'acajou d'inspiration britannique. Auparavant, on dressait une simple planche sur des tréteaux. Comme Louis-Philippe, les grands seigneurs exilés en Angleterre adoptent ces nouvelles mœurs et les importent en France, puis ensuite sur l'ensemble du continent. Tous les palais, les châteaux, les belles demeures auront désormais une pièce dédiée au repas. La salle à manger voit le jour. Les prémices de l'art de vivre vont de pair avec des détails tells que des chaises capitonnées (le bois s'efface pour laisser place à des garnitures à ressort dans une volonté de plus de confort), du linge brodé, de la faïencerie (Mintons outre-Manche)… Si ce phénomène touche dans un premier temps l'aristocratie, la bourgeoise le convoite et le fait sien. Les faïences fines type Creil, Gien, Sarreguemines, Montereau… deviennent populaires. Les décors sont imprimés, contrairement aux modèles précédents peints à la main, rendant les accessoires de table plus abordables. Les pièces d'intérieur trouvent une véritable définition. Les hommes ont leur fumoir, les dames leur boudoir. L'art de vivre chez soi prend véritablement naissance à cette époque.

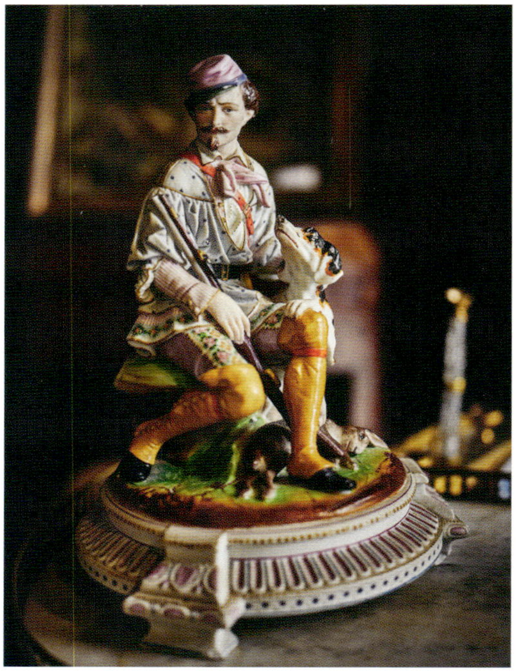
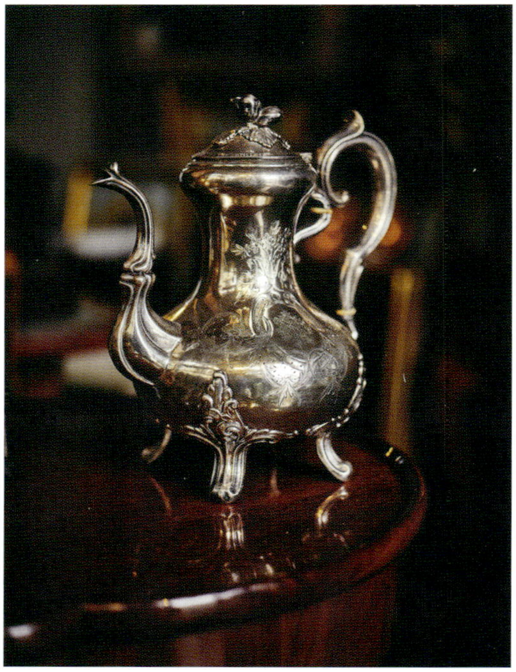
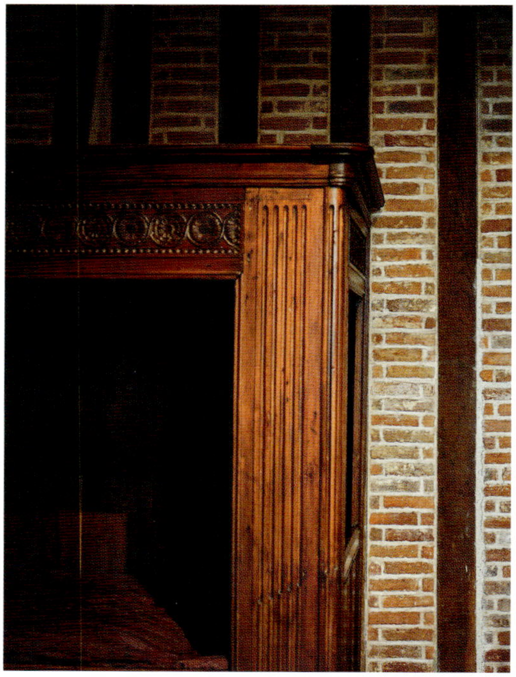
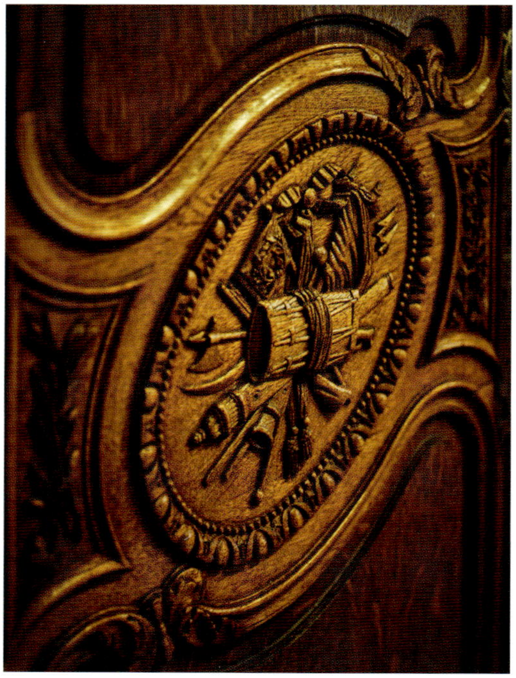

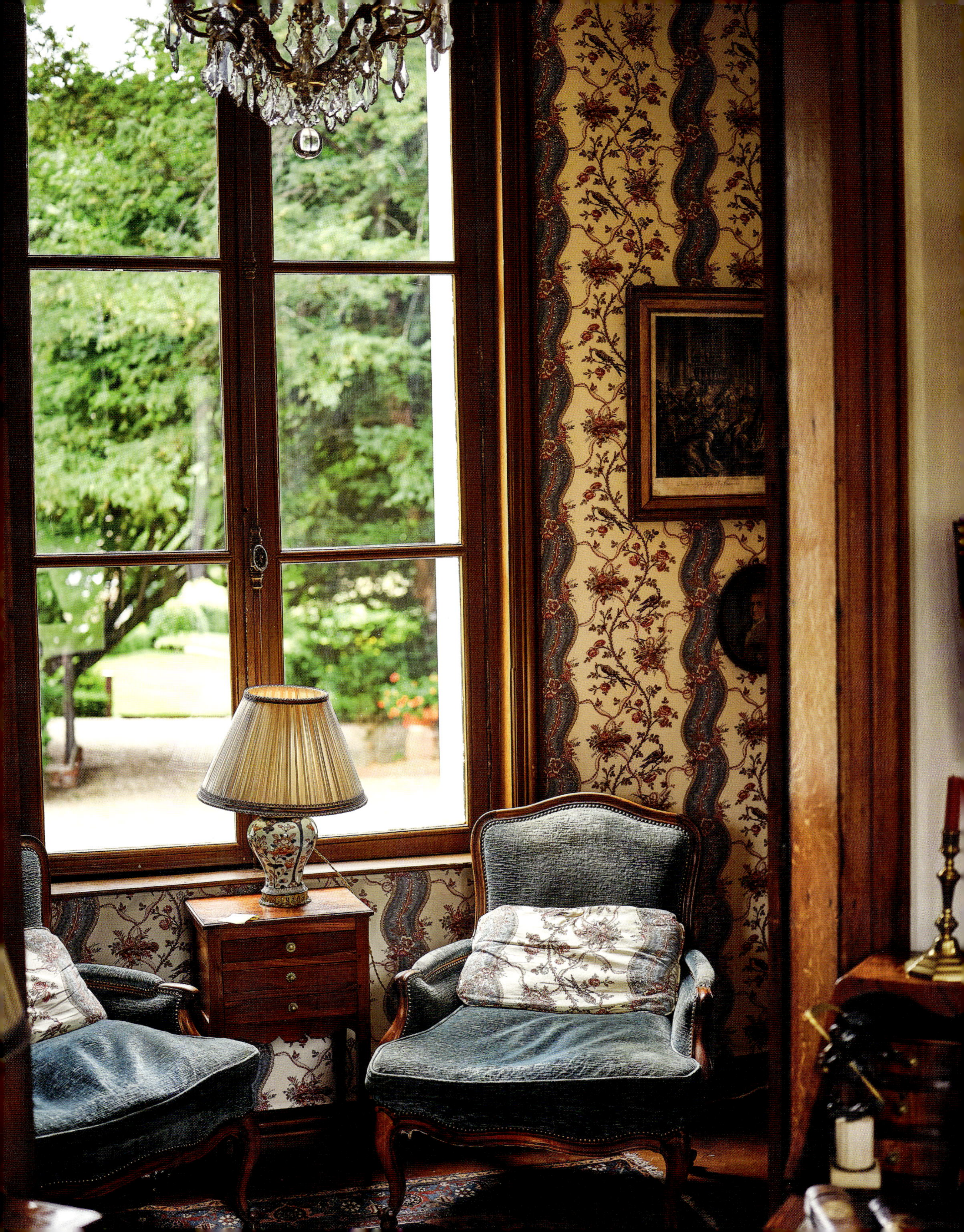

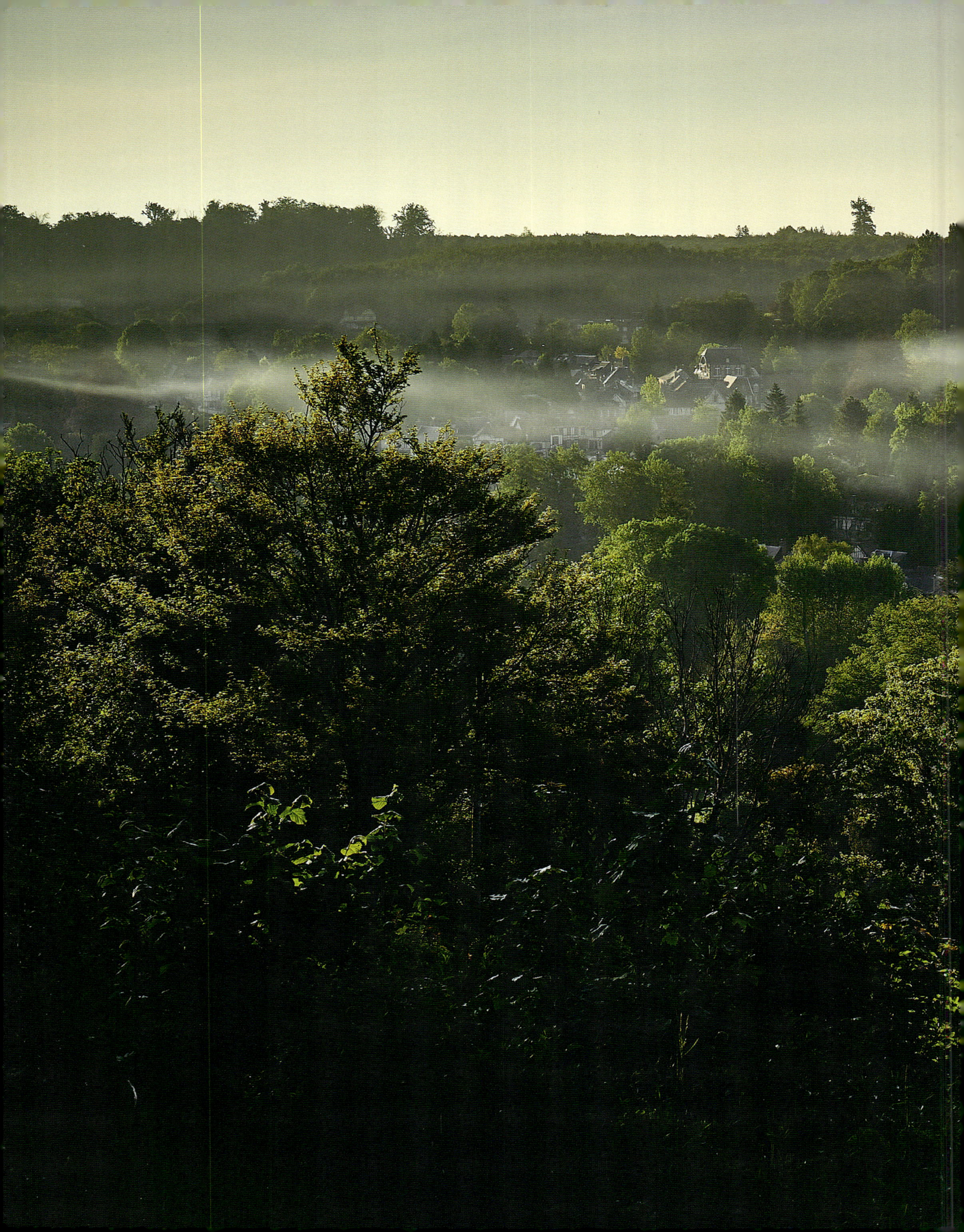

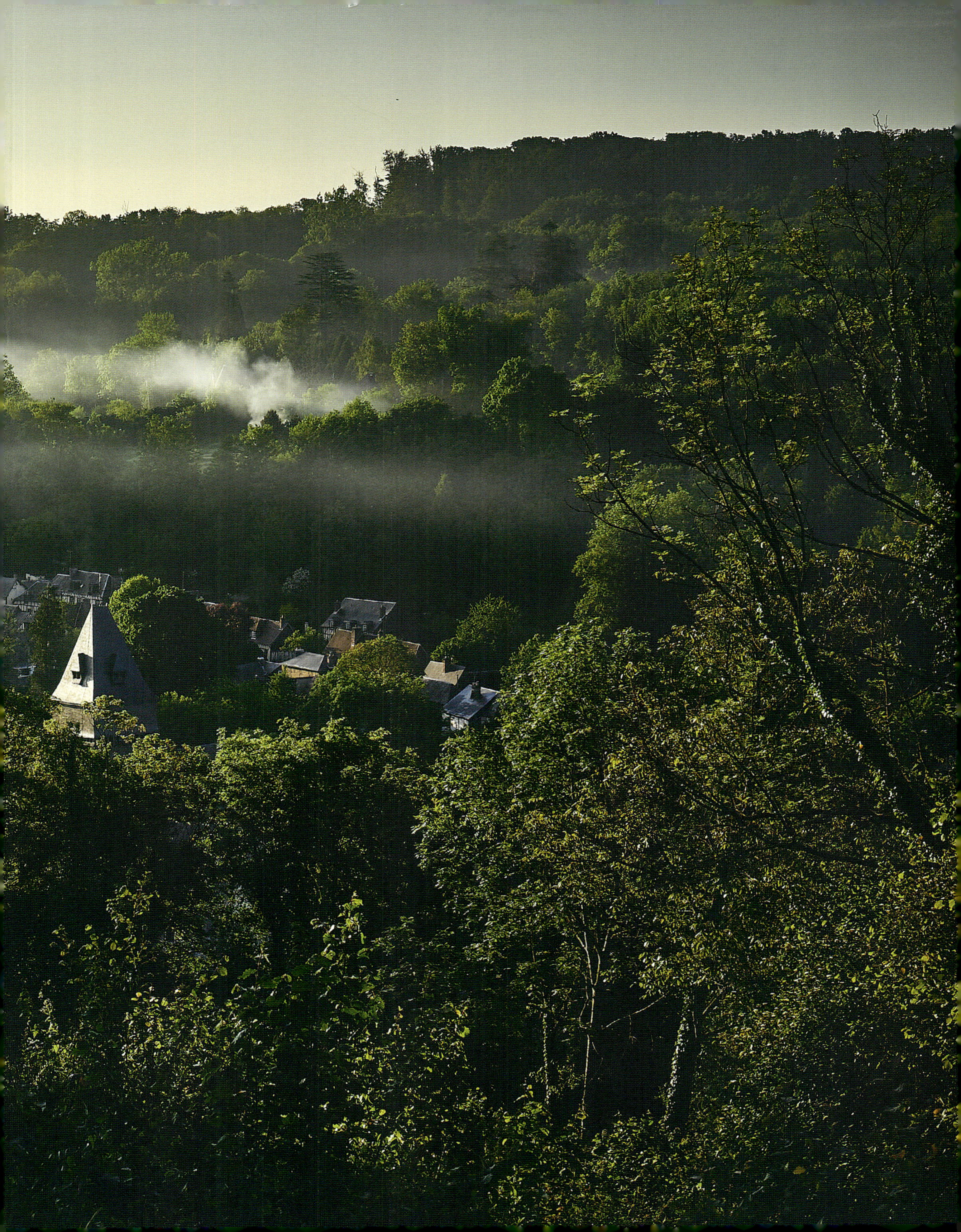

Merci

À mes soleils :
Emma, Amandine et Clémence :
« À vous de cœur toujours et tout plein »
G. Sand à G. Flaubert

Anna pour ses lectures et son sourire.

À Maddalena Marin, mon éditrice, qui a cru à cette idée, quelque peu originale, dès notre premier rendez-vous. À Guillaume Czerw pour ses magnifiques photos et sa bonne humeur inaltérable au fil des shootings, même à 4h du matin. À Karine Lalbaltry, styliste décoration, pour la mise en scène de la couverture du livre. À Xavier de Boishébert qui nous a ouvert les portes de sa demeure à Ry. À Bruno Questel, antiquaire, qui m'a permis de plonger dans l'art de vivre du XIXe siècle.

Merci aux chefs & aux artisans

Marc Andrieu, Les Petits Parapluies, Rouen. Benjamin Bouloché, Café Victor - Hôtel de Dieppe 1800, Rouen. Daniel Bourgeois, Maison Jollit, Rouen. Roberto Castello, Acqua & Farine, Rouen. Christophe Cressent, Ma Boulangerie, Rouen. Alexandre Daligaux, Cancan, Rouen. Thierry Dhé, Brasserie Paul, Rouen. Thierry Demoget, Les Capucines, Petit-Quevilly. Jacky Folliot, Madame, Rouen. Pascal Hauguel, Grand Dauphin, Mont-Saint-Aignan. Gaëlle Koch-Roullé, Enfin Chez Gaëlle, Bois-Guillaume. Philippe Molinier, Chez Philippe, Rouen. Quentin Monville, Le Palais du Fruit, Rouen. Olivier da Silva et Suzanne Waymel, l'Odas*, Rouen. Vincent Taillefer, La Couronne, Rouen. Gilles Tournadre, Gill**, Rouen. Benoît Vatelier, Maison Vatelier, Rouen.

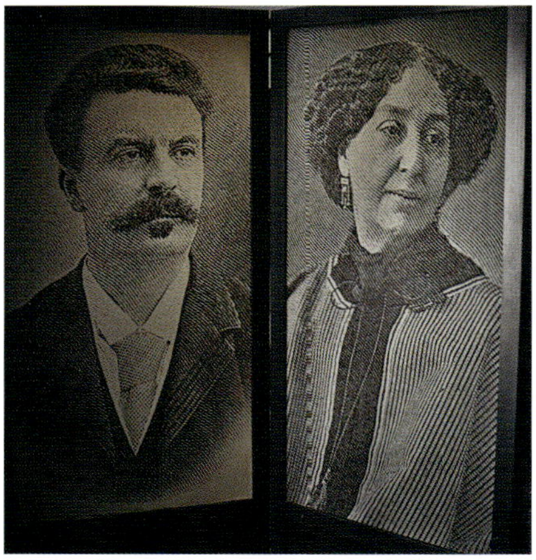

SEINE-MARITIME
LE DÉPARTEMENT

Achevé d'imprimer en avril 2021 sur les presses de l'imprimerie PBTisk (UE)
Dépôt légal : novembre 2020 - N° ISBN : 978-2-84811-482-8